TAUSCHE DRAMA GEGEN GLÜCK

DEIN PRAXIS-GUIDE FÜR
EIN ENTSPANNTES LEBEN

AF721268

Roman Kmenta

VoV media

Impressum

© 2024 Roman Kmenta, Forstnergasse 1, A-2540 Bad Vöslau — www.romankmenta.com

1. Auflage 2024

Umschlaggestaltung: Monika Stern / sternloscreative
Layout: VoV media
Illustration: VoV media
Lektorat/Korrektorat: VoV media
Bildrecht: Monika Stern, Freepik premium

Verlag: VoV media — www.voice-of-value.com

Das Werk, einschließlich seiner Teile, ist urheberrechtlich geschützt. Jede Verwertung ist ohne Zustimmung des Verlages und des Autors unzulässig. Dies gilt insbesondere für die elektronische oder sonstige Vervielfältigung, Übersetzung, Verbreitung und öffentliche Zugänglichmachung über analoge sowie digitale Medien und Kanäle. Die Publikation und Verbreitung erfolgen im Auftrag des Autors, zu erreichen unter: tredition GmbH, Abteilung "Impressumservice", An der Strusbek 10, 22926 Ahrensburg, Deutschland.

Die Inhalte dieses Buches wurden mit größter Sorgfalt erstellt. Für die Richtigkeit, Vollständigkeit und Aktualität der Inhalte können wir jedoch keine Gewähr übernehmen. Dieses Buch enthält Links zu externen Webseiten Dritter, auf deren Inhalte wir keinen Einfluss haben. Deshalb können wir für diese fremden Inhalte auch keine Gewähr übernehmen. Für die Inhalte der verlinkten Seiten ist stets der jeweilige Betreiber oder Anbieter der betreffenden Seiten verantwortlich. Zum Zeitpunkt der Publikation dieses Buches lagen uns — nach Prüfung dieser Webseiten — keine Hinweise auf Rechtsverstöße vor. Sollten solche zu einem späteren Zeitpunkt bekannt werden, werden wir die Links so rasch wie möglich entfernen.

Bei der Wiedergabe von Gebrauchsnamen, Handelsnamen, Warenbezeichnungen und eingetragenen Marken wurde — im Sinne der leichteren Lesbarkeit — auf die Markenzeichen verzichtet.

Inhaltsverzeichnis

Ist das Buch für dich?

Ist dieses Buch für dich gedacht? Kommt ganz darauf an. Wir kennen uns ja nicht persönlich, daher kann ich diese Frage nicht wirklich korrekt beantworten. Aber ich kann dir helfen, sie dir selbst zu beantworten.

Wenn du ...

- zu viele Konflikte mit anderen hast,
- zu viele Konflikte mit dir selbst hast (diese sind meist noch schlimmer als jene mit anderen),
- zu viele ergebnislose Diskussionen über irrelevante Themen führst,
- dir zu häufig den Kopf darüber zerbrichst, was die anderen tun und denken — vor allem über dich,
- immer wieder enttäuscht wirst, weil die anderen deine Erwartungen nicht erfüllen,
- immer wieder von dir selbst enttäuscht wirst, weil du deine eigenen Erwartungen nicht erfüllst,
- dich immer wieder in Situationen hineinziehen lässt, die dir schlechte Gefühle verursachen,
- merkst, dass viel zu viele kleine und größere Dramen deinen Alltag durchziehen,

- zu wenig Ruhe findest, weil einige der genannten Punkte auf dich zutreffen und du
- stattdessen lieber einfach entspannt und glücklich wärst.

Und findest du dich in dem einen oder anderen Punkt wieder? Vielleicht sogar in einigen oder gar in allen?

Dann stehen die Chancen sehr gut, dass dies genau das Buch ist, das auf dich gewartet hat. In diesem Buch erwarten dich:

- Klarheit darüber, warum es dir so geht, wie es dir geht,
- Verständnis bezüglich der Hintergründe und Zusammenhänge bei der Entstehung von Dramen und
- einfach umsetzbare und praktisch erprobte Tipps und Strategien, mit denen du die Dramen in deinem Leben deutlich reduzierst.

Man könnte auch sagen: Es hilft dir, Drama gegen Glück zu tauschen!

Bist du bereit?

An einem ganz gewöhnlichen, durchschnittlichen Tag

Du — oder auch eine andere Person deiner Wahl — scrollst durch den WhatsApp-Status und siehst den Post einer Freundin. Angebrachter wäre es wohl, diese Person eine Bekannte zu nennen, denn Freundinnen — echte Freundinnen — würden so etwas nicht tun. Da zeigt sie sich doch glatt im Bikini im Sommerurlaub am Meer und sieht dabei so verdammt gut aus.

„*Die war doch auch immer fett!*“, denkst du dir und schaust nackt im Bad stehend in den Spiegel. „*Wo sind ihre Kilos hin?*“ — Deine jedenfalls sind immer noch da, wo sie waren, und sie haben sich sogar noch vermehrt, wie es aussieht.

Und dann zeigt sie sich auch noch so auf Facebook und strahlt förmlich vor Glück. Eine echte Freundin würde sich so nicht zeigen. Sie würde wissen, dass du dich schlecht dabei fühlst, wenn du sie so siehst. Und eine vertraute Stimme in deinem Kopf sagt dir: „*Manchen ist das eben nicht gegeben. Das ist genetisch. Und komm jetzt, wenn die Kilos ohnehin schon da sind, kannst du dir genauso gut etwas*

Gutes tun." Und du gibst ihr Recht und machst dich auf den Weg in die Küche. Wenn du dich recht erinnerst, müsste da im Gefrierfach noch eine Dose mit diesem leckeren Eis stehen.

*****

Wie immer ist viel los am Kaffeeautomaten. Manchmal fragst du dich, ob hier überhaupt noch jemand arbeitet. Jedes Mal, wenn du dort vorbeikommst, stehen drei, vier Mitarbeiter dort herum — hängen ab, könnte man auch sagen — und treten — so zumindest deine Vermutung — den neuesten Firmenklatsch breit. Vermutlich reden sie über dich, denn jedes Mal, wenn du vorbeigehst, verstummen die Gespräche. Was reden die wohl? Das wüsstest du nur allzu gerne. Du hast sogar schon einmal in Gedanken mit der Idee gespielt, den verdammten Automaten zu verwanzen. So kleine Micros kosten heute nichts mehr und sind im Internet einfach zu bekommen. Auch wenn du die Idee kraft Vernunft immer wieder verworfen hast, so ganz unvernünftig ist sie dann auch nicht. Wer weiß das schon ...

Wahrscheinlich zerreißen sie sich das Maul darüber, dass du befördert worden bist und nicht jemand anderes, jemand, der es mehr verdient hätte — zumindest aus ihren Augen. Dabei hast du dir beide Beine ausgerissen und die letzten Monate wirklich alles gegeben. Du hast es dir verdient, befördert zu werden, so viel steht für dich fest. Und doch lässt dich der Gedanke nicht ganz los, dass vielleicht doch jemand anderes ... Die Stimme des Zweifels meldet sich immer wieder zu Wort und verstummt nie ganz. Und als du wieder einmal am Automaten vorbeigehst, auf dem Weg zu einem Meeting, kannst du es dir nicht verkneifen, ein: „Einmal nur möchte ich so viel Zeit für so viel Kaffee haben!“, loszuwerden. Aus dem Augenwinkel heraus glaubst du gesehen zu haben, wie die Augen verdreht werden, und — kaum bist du um die Ecke verschwunden — da bist du dir ganz sicher, bist wieder du das Thema.

*****

„Was treiben die da oben bloß? Das ist doch nicht auszuhalten.“ Die Nachbarn über dir spielen wieder mal ihr Spiel mit den Stühlen. Dabei hast du ein extra ruhiges Zimmer gebucht. Und jetzt das. Jeden Morgen und jeden Abend bis spät in die Nacht hört es sich an, als ob die da oben das ganze Zimmer umbauen — Stühle, Tische und vermutlich auch Schränke und Betten hin- und herschieben. Warum, weiß kein Mensch.

Und was dich am meisten daran stört, ist nicht einmal der Lärm, sondern diese Rücksichtslosigkeit — Unverfrorenheit ist wohl das bessere Wort —, mit der sie das tun. Sie müssen doch wissen, wie sich das im Stockwerk darunter anhören muss. Eine Frechheit ist das. Doch nicht mit dir. Nicht mehr. Schließlich zahlst du hier eine Menge Geld und da ist ein wenig Ruhe ja wohl das Mindeste.

Du überlegst kurz, bei der Rezeption anzurufen, doch nein. In diesem Fall ist es definitiv besser, dort physisch zu erscheinen und mit den Damen und Herren ein ernstes Wort zu reden — von wegen ruhiges Zimmer. Du stehst auf, schlüpfst in deinen Bademantel und stapfst energiegeladen Richtung Rezeption. Die sollen ruhig sehen, dass es dir ernst ist, verdammt ernst sogar.

„Ich habe extra ein ruhiges Zimmer bestellt und dann das hier. Soll das Ihr Ernst sein?“ Der junge Mann, wenn dieser überhaupt schon ein Mann ist, sieht dich erschrocken an und stammelt irgendwas daher, was denn geschehen sei. „Was geschehen ist? Das fragen Sie auch noch? Hier wird gleich etwas geschehen, wenn Sie den Lärm über mir nicht sofort abstellen. Ich lasse mir das nicht bieten. Immerhin zahle ich hier verdammt viel Geld für die Nacht in diesem Schuppen, den Sie Hotel nennen. Und auf die Online-Rezension können Sie sich jetzt schon freuen. Das kann ich Ihnen versprechen.“

*****

Der Alltag der meisten Menschen ist voll mit Dramen. Auch wenn du vielleicht nicht immer selbst betroffen oder involviert bist, so gibt es ausreichend viele Möglichkeiten, Augen- oder Ohrenzeuge zu werden. Die Vielfalt ist groß. Du hast die Wahl zwischen kleinen Dramen, die gerade erst das Licht der Welt erblickt haben, halbwüchsigen, die bereits ein schönes Stück gewachsen sind und voller Elan weiterwachsen, und so richtig ausgewachsenen Dramen — im Innen wie im Außen. Doch halt! Wir sind beinahe schon mitten im Thema und dort will ich noch nicht hin — aber gleich. Versprochen!

Vorher noch eine kurze Regieanweisung:

Bevor du weiterliest ...

... noch ein Hinweis in eigener oder besser gesagt in deiner Sache. Es gibt eine eigens für dieses Buch erstellte Ressourcenseite unter: https://www.romankmenta.com/ressourcen-drama/.

Dort findest du zusätzliche Ressourcen in Form von allen Arten von:

- Links zu vertiefenden und weiterführenden Blogbeiträgen und Podcasts,
- ergänzenden Büchern oder anderen Produkten, die dir zum Thema des Buches passend hilfreich sein könnten,
- hilfreiche Materialien zum Download sowie
- den „Wie dramafrei bist du?“ Selbsttest und

- das Tausche-Drama-gegen-Glück-Workbook, das dich dabei unterstützt, konsequent daran zu arbeiten, die Dramen in deinem Leben zu reduzieren.

Schau am besten gleich einmal vorbei und verschaffe dir einen Überblick. Ich werde im Laufe des Buches immer wieder einmal auf die Seite hinweisen, wenn es dort etwas für dich zu holen gibt.

So, jetzt aber wie versprochen, weiter im Thema.

Teil 1

TATAA! — DARF ICH VORSTELLEN: DAS DRAMA

Dramen. Wir sind, wie gesagt, umgeben davon. Sie sind allgegenwärtig. Doch nicht nur das. Viel schlimmer noch — häufig zumindest — sind die Dramen in unserem Inneren. Vom Außen können wir uns abschotten — eine Zeit lang zumindest. Bei unseren inneren Dramen gelingt uns das nicht so leicht — oft gar nicht. Sie begleiten uns ständig — 24/7, wenn es ganz dumm läuft. Doch bevor wir genauer auf die Art der Dramen eingehen und auf die Akteure, müssen wir uns der Frage zuwenden: Was ist denn so ein Drama überhaupt? Schließlich sollten wir ja in etwa dasselbe darunter verstehen, wenn wir uns die nächsten 200+Seiten damit beschäftigen.

Was ist ein Drama und was will es?

Ein paar sehr verbreitete Varianten von Dramen hast du ein paar Seiten zuvor ja soeben kennengelernt. Ich weiß nicht, ob du diese aus eigener Erfahrung kennst, als Beobachter bereits (mehrfach) miterleben durftest oder auch nur vom Hörensagen, weil du jemanden kennst, der jemanden kennt — du weißt, was ich meine. Das ist gerade im Moment auch gar nicht wichtig. Es geht aktuell nur darum, ein Gesamtbild davon zu zeichnen, was du dir unter einem Drama überhaupt vorstellen kannst.

Wenn man den Begriff googelt, dann stößt man vor allem auf die Klassiker von Goethe, Shakespeare und natürlich auf die Definition eines Dramas laut Wikipedia. Einerseits ist das ein „Oberbegriff für

Texte mit verteilten Rollen", und das passt für unsere Zwecke schon recht gut, wenngleich es Dramen gibt, bei denen niemand spricht und du auch nicht unbedingt eine zweite, reale Person dafür brauchst.

In der zweiten Definition des Begriffs „Drama" in Wikipedia geht es um ein Filmgenre. Die Beschreibung ist alles andere als griffig, vermutlich weil es ein sehr dehnbarer Begriff ist, wenn es um Filme geht: *„Im Zentrum des Dramas stehen Figuren, die eine Lebenskrise durchmachen, vor eine lebensverändernde Entscheidung gestellt sind, ihr Leben auf Grund von Verlust, Verfolgung, zufälligem Glück oder Ähnlichem neu formieren müssen."*

Das ist ein kurzer Auszug davon und hat mit dem, worum es in diesem Buch geht, definitiv etwas zu tun. Um es einfach zu sagen: Die Dramen, um die es in diesem Buch gehen soll, sind keinesfalls etwas Nettes, Gutes oder Positives. Nichts, wovon du gerne mehr hättest, wenn du nicht zu einer sehr speziellen Art Mensch gehörst, auf die ich noch zu sprechen komme. Vielmehr wollen die meisten Menschen die Dramen in Ihrem Leben so weit wie möglich reduzieren. Du vermutlich auch, sonst hättest du dir dieses Buch wahrscheinlich nicht gekauft bzw. würdest es nicht gerade lesen.

Der Begriff „Drama" geht aus meiner Sicht aber sehr viel weiter. Die Dramen, um die es mir geht, spielen sich nicht bloß auf Bühnen oder Leinwänden ab, sondern sind uns sehr viel näher. Sie sind üblicherweise Teil unseres täglichen Lebens. Ein Theater könnten wir einfach verlassen, genauso wie ein Kino oder den Fernseher jederzeit ausschalten, wenn uns das Drama, das gerade läuft, nicht gefällt. Mit all den Dramen, die so dicht mit unserem bzw. in unser Leben verwoben sind, ist das zumeist nicht so einfach — doch auch nicht unmöglich! Deshalb habe ich auch dieses Buch geschrieben. Es soll und — wenn du das möchtest — wird dir helfen, die Dramen in deinem Leben zu reduzieren.

Ein Drama, die Art von Drama, von der ich hier spreche, könnte man am ehesten als eigenständige energetische Entität, fast als eine Art Wesen bezeichnen. Es besteht aus Energie und Information. Und falls dir das etwas eigenartig vorkommt — ein Wesen und Energie — etwas esoterisch vielleicht sogar — keine Angst, das ist es gar nicht. Überhaupt nicht. Schließlich — das behaupten zumindest die Physiker — bestehen wir selbst und der Rest der Welt ebenso vor allem aus Energie und Information. Vielleicht sind da auch noch ein paar Stückchen Materie dabei, aber nicht viel, und auch diese ist genau betrachtet auch wieder nur Energie und Information. So gesehen ist es nicht so weit hergeholt, ein Drama als Wesen aus Energie und Information zu bezeichnen. Wie du gleich selbst feststellen wirst: Es so zu betrachten ergibt Sinn, sehr viel Sinn sogar.

Nehmen wir mal, nur um es klarer zu machen, ein verbreitetes Drama als Beispiel her. Ein inneres Drama. Du hast soeben erfahren, dass deine beste Freundin bzw. dein bester Freund eine Party schmeißt, zu der du nicht, ich betone NICHT eingeladen bist. Das ist zuerst einmal nur eine Information, sonst nichts. Solange es nur eine

Information bleiben würde, wäre es nicht weiter schlimm. Und es wäre vor allem kein Drama. Zum Drama wird es erst, wenn du beginnst, es zu füttern, und zwar mit deiner Energie. Und das geschieht blöderweise in vielen Fällen ganz automatisch und unterbewusst. Wir müssen darüber nicht eine Sekunde nachdenken. Und weil wir das nicht tun, haben wir auch keine Kontrolle darüber.

Fragen kommen in deinem Kopf auf. „Warum bin ich nicht eingeladen?" „Mag die mich nicht mehr?" (Sollte es für dich ein bester Freund sein, dann ersuche ich dich, die Geschichte selbst umzubauen. „Was habe ich bloß getan?") Du fühlst dich ausgeschlossen, verschmäht und suchst krampfhaft nach dem Grund für diese Degradierung. Womit hast du das bloß verdient? Du fühlst dich verletzt, frustriert und deprimiert. Dann aber auch verärgert: „Ich habe sie immer eingeladen, wenn es bei uns etwas zu feiern gab." Das Thema, das zuerst einfach nur eine Information war, beginnt dich mehr und mehr zu beschäftigen und letztlich völlig auszufüllen — komplett zu vereinnahmen. Es wird eine Zeit lang zum wichtigsten Thema der Welt, deiner Welt zumindest.

Und die ganze Zeit über fütterst du das Drama und versorgst es mit deiner Energie. Zuerst ist es noch ganz klein, doch es wird rasch größer, riesig sogar. Kein Wunder, bei dem energetischen Festmahl, das du ihm bereitest. Natürlich kann es sein, dass das ein Drama ist, dem du in deiner Welt noch nie begegnet bist, das du niemals erschaffen würdest. Ist schließlich nur ein Beispiel. Du hast sicher deine eigenen Beispiele, die viel besser passen, aber du verstehst — so hoffe ich — was ich meine.

Und so ein Drama hat einige typische, hervorstechende Eigenschaften und Verhaltensweisen. Eine davon hast du bereits kennengelernt. Es ernährt sich von Energie und kann nicht genug davon bekommen. Dramen sind Nimmersatts. Sie saugen alle Energie auf, derer sie habhaft werden können. Ganz ohne Rücksicht auf Verluste. Verständlich, denn ohne Energie würde es sterben, sich auflösen, verschwinden, einfach aufhören zu existieren — ganz so, als ob es nie dagewesen wäre.

Dramen lenken die Aufmerksamkeit — deine, meine, unser aller Aufmerksamkeit —, denn Aufmerksamkeit bedeutet Energie. Und Energie ist Nahrung und bedeutet Wachstum. Und wie alle Wesen wollen Dramen wachsen. Ich denke, du siehst jetzt bereits, warum es Sinn ergibt oder zumindest sehr praktisch ist, Dramen als eigenständige Wesen zu betrachten.

Und diese Aufmerksamkeit entfaltet sich wie ein immer größer werdender Trichter, in den alles, was in seine Nähe kommt, hineinfällt. Wie wenn man dir eine Brille aufgesetzt hätte, durch die du alles in den Farben des Dramas siehst. Egal, wo du hinschaust: Du siehst Dinge, Kleinigkeiten, Verhaltensweisen oder hörst manchmal nur vereinzelte Worte, die dir auffallen und die du zuvor nicht wahrgenommen hast.

Und seltsamerweise passen diese alle zum Drama, das gerade heranwächst. Da gab es auch noch andere, die dich verletzt haben oder es sogar noch immer tun, immer wieder tun. Und das nicht erst seit gestern. Eine ganze Zeit lang schon. Nur ist es dir nicht aufgefallen, bis jetzt. Aber jetzt siehst du es. Alles. Und so klar. Alles passt zusammen. Puzzlesteine, die sich nahtlos ineinanderfügen und ein Muster ergeben. Jetzt siehst du es, obwohl es immer schon da war. Und das Drama wächst und gedeiht und labt sich an deiner Energie.

Dramen sind — wie in diesem Beispiel auch — nicht positiv oder konstruktiv. Aber sie gaukeln dir bisweilen vor oder erwecken den Eindruck, wenn schon nicht dein Bestes, aber doch zumindest etwas Gutes für dich zu wollen. Das ist gelogen. Auch, wenn es sich kurzfristig so anfühlt, als würde es dir besser gehen. Das ist nur kurzfristig, aber nicht nachhaltig — ganz im Gegenteil. Alles, was ein Drama will, was jedes Drama will, ist deine Energie, und das ohne Rücksicht auf jedwede Verluste. Besonders nicht auf deine Verluste. Und eines ist ganz nebenbei gesagt auch klar: Die Energie, die es von dir absaugt, hast du nicht mehr zur Verfügung.

Jedes Drama steht für eine bestimmte Einstellung, eine Geisteshaltung, Meinung oder eine Sicht auf die Welt. Und ein Drama will Anhänger gewinnen und um sich scharen, die seine Sichtweise unterstützen. Denn diese Unterstützung bringt ...? Richtig geraten: Energie, und wie wir bereits wissen, kann es davon nicht genug bekommen.

Du greifst zum Telefon und rufst deine beste Freundin an. Nein, nicht die Person, die dich verschmäht, vor den Kopf gestoßen und auf so brutale Weise verletzt hat. Die natürlich nicht. Die ist erst einmal Tabu. Nein, die andere beste Freundin. Und du erzählst ihr von der Verletzung, die dir zugefügt wurde. Und ganz so wie es sich für eine beste Freundin gehört, steht sie dir zur Seite, unterstützt dich und stimmt dir zu. „Das ist ja wirklich eine Schweinerei, dass sie dich nicht eingeladen hat. Mich auch nicht, und das, obwohl ich ihr zum Geburtstag einen riesigen Strauß Blumen geschenkt habe."

Und schon hat das Drama die Zahl seiner Anhänger verdoppelt und die Energiezufuhr mindestens ebenso. Doch es kann gut sein, dass in diesem Fall 1+1 sogar schon 3 ergibt. Die Schar wächst. Das Drama geht gestärkt aus dieser Runde hervor, die beiden Akteure geschwächt. Schließlich haben sie Energie verloren.

Doch das ist nicht der einzige Weg, wie das Drama zu neuer Nahrung kommt. Lass uns einmal annehmen, die andere beste Freundin sieht das nicht so wie du. Sie ist vielmehr überzeugt, dass hinter der Nicht-Einladung keine Absicht stand. Vermutlich nur ein Versehen oder aber ein durchaus verständlicher, nachvollziehbarer und vor allem nicht negativer Grund. Sie beginnt, das auch zu argumentieren, in der Hoffnung, deine Schmerzen dadurch zu lindern.

Sie wirft sich vielleicht sogar vehement für die Nicht-Einladerin ins Zeug und verteidigt diese. Was auch immer sie an dieser Stelle macht, ob sie deine Sichtweise unterstützt und bestärkt oder aber eine andere Sichtweise propagiert, ist dem Drama egal. Es nimmt alle Energie, die es bekommen kann, unabhängig davon, ob sie einem Dafür oder Dagegen entspringt. Das bedeutet, Dramen sammeln nicht nur Anhänger, sondern auch Gegner. Das ist sogar entscheidend. Ohne Gegner gäbe es schließlich kein Drama. Wenn alle für etwas sind, einer Meinung, wo wäre dann das Drama?

Ich weiß, das ist natürlich fies und macht die Sache nicht unbedingt einfacher. „Wie soll ich mich denn sonst verhalten? Zustimmen ist schlecht und dagegen sein ebenso?", ist eine an dieser Stelle berechtigte Frage, deren Beantwortung ich auf etwas später verschieben möchte.

Zugegeben, unser Beispieldrama ist ein relativ kleines, von außen betrachtet relativ harmloses, auch wenn es sich für jene, die involviert sind, gar nicht so klein anfühlen mag. Wenn man allerdings die wirklich großen Dramen betrachtet, Kriege, religiöse Auseinandersetzungen, politisch gesellschaftliche Machtkämpfe und Ähnliche, ist unseres ein sehr kleines. Alles eine Frage der Sichtweise natürlich.

An diesem Beispiel sieht man bereits: Nicht alle Dramen sind gleichermaßen gefährlich, schlimm und destruktiv. Nicht alle saugen gleich viel Energie und nicht alle haben dasselbe Wachstumspotenzial. Unser Beispieldrama wird es vermutlich nicht schaffen, über eine Anhängerschaft von 3 oder 4 Personen hinauszuwachsen. Es ist unwahrscheinlich, dass sich 20, 50 oder 100 Menschen gegen diese eine verbünden, die eine Party schmeißt und gewisse Leute nicht einlädt, und das, obwohl man eng befreundet ist.

Doch auch, wenn diese Art von Dramen nicht so groß sein mögen und nicht so viel Wachstumspotenzial haben, darf man sie nicht unterschätzen, und zwar aus einem bestimmten Grund: Es gibt sehr viele davon. Und Kleinvieh macht bekanntlich auch Mist. Jede Menge sogar!

Um unser Bild von Dramen durch weitere praktische Beispiele ein wenig abzurunden und zusammenzufassen, könnte man sagen: Dramen sind Situationen, in denen

- jemand unzufrieden mit sich selbst oder anderen ist,
- sich jemand über jemand anderes oder etwas ärgert,
- jemand frustriert oder deprimiert ist,
- jemand anderes nicht mag oder hasst,
- sich jemand erniedrigt oder beleidigt fühlt,
- jemand angegriffen wird — verbal oder auch physisch,
- jemand Angst hat,
- sich jemand schuldig fühlt oder
- jemand voller Zweifel und unsicher ist.

Und auch wenn es in all diesen Situationen noch kein wahrnehmbares Drama geben muss, so ist die Wahrscheinlichkeit, dass daraus eines entsteht, sehr hoch. Du siehst also: Dramen bzw. Situationen, in denen Dramen entstehen können, sind allgegenwärtig. Kein Wunder also, dass wir von so vielen Dramen umgeben sind.

Und wenn du meinst, dass Dramen letztlich das Ziel haben, die Situation, aufgrund derer sie entstanden sind, zu bereinigen, indem sie das Problem, das der Grund ihrer Entstehung war, lösen, dann liegst du falsch. Die Menschen, die das Drama betreiben, wollen das — vielleicht, aber auch nicht immer. Das Drama selbst will am Leben bleiben und würde genau das nicht tun, wenn die Situation bereinigt und das Problem gelöst würde. Das Drama selbst — wie gesagt als eigenständiges Wesen betrachtet — will, dass es weiter besteht und wächst — je länger, desto besser.

Die Dramaeinladung – Hereinspaziert und willkommen im Drama

Wie kommt ein Drama, das wachsen will, eigentlich an neue Energie heran? Wie schafft es das, dass du und andere Menschen ihm bereitwillig und im Überfluss Energie geben? Es macht das auf höchst einfache Art und Weise: Es spricht Einladungen aus. Diese müssen aber nicht verbalisiert, also nicht in Worte gefasst sein. Manchmal ist so eine Einladung auch eine Handlung, eine Bewegung oder ein Blick. Und eine Dramaeinladung muss nicht einmal direkt von einem anderen Menschen kommen. Es kann auch etwas sein, das du in den Nachrichten siehst, in der Zeitung liest oder das dich beim Herumstöbern auf Facebook förmlich anspringt.

Du kennst Dramaeinladungen aus eigener, sehr persönlicher Erfahrung. Jeden Tag erhältst du mehrere, so viele meist, dass sie dir gar nicht auffallen. Wenn ich dir ein paar Beispiele gebe, dann wirst du vermutlich sagen: „Ah, das sind also Dramaeinladungen. Ja klar, davon bekomme ich eine Menge!“

- Du sagst etwas und jemand — den du kennst, oder auch jemand, den du nicht kennst — wirft dir einen „schiefen“ Blick zu.
- Ein Autofahrer überholt dich, macht im Vorbeifahren eine Geste, die man nicht als nett bezeichnen würde, und zwängt sich dann ganz knapp vor dich in deine Fahrspur.
- Eine ganz klischeehafte, speziell für die Männer: Deine Partnerin fragt dich, warum du die Socken nicht dorthin legen kannst, wo sie hingehören, in den Wäschekorb.
- Du steuerst in der U-Bahn auf den einzig freien Platz zu und der Mensch auf dem Nebenplatz stellt demonstrativ seine Tasche auf den freien Platz und macht keine Anstalten, sie da wegzunehmen, um dir Platz zu machen.
- Du bist im Supermarkt an der Wursttheke endlich an der Reihe. Plötzlich drängt sich eine alte Frau vor und wird auch noch — welche Frechheit und Ungerechtigkeit — bedient.
- Du schaust in den Spiegel und bist — wie so oft — nicht zufrieden mit dem, was du siehst.
- Du schlüpfst in die Hose, die du dir vor einem knappen halben Jahr gekauft und noch kein einziges Mal getragen hast, nur um festzustellen, dass du diese beim besten Willen nicht mehr zubekommst.
- Du erfährst, dass dein bester Freund befördert wurde. Du selbst hattest auch darauf gehofft, doch in deinem Unternehmen wurde jemand anderes vorgezogen.

- Die Regierung beschließt eine Maßnahme, mit der du so gar nicht leben kannst.
- Der Nachbar bläst sein Laub weg, macht dabei viel Lärm und ein Teil davon landet auch noch in deinem Garten.
- Du hast es eilig, weil du zu einem Termin musst, und siehst vor dir auf der Autobahn einen Stau.
- Sie berichten im Fernsehen, dass wieder ein paar Verrückte mit irgendeiner Demo den Innenstadtverkehr lahmgelegt haben – nicht, dass du heute dorthin müsstest.
- Eine Gruppe vermummter Frauen steht neben dir auf dem Bahnsteig und unterhält sich lautstark in einer Sprache, die du nicht kennst.
- Ein Vogel verrichtet sein Geschäft im Fliegen, und das ausgerechnet genau über dir.
- Du willst dir einen Kaffee machen und stellst fest, dass wieder einmal jemand die letzte Kapsel verbraucht und nichts gesagt hat.
- Jemand anderes steht auf deinem angestammten Parkplatz direkt vor deinem Haus.

Die Liste könnte ich endlos weiterschreiben. Du siehst schon, sie lauern an jeder Ecke. Sie warten darauf, dass du sie annimmst, um so an deine Energie herankommen zu können. Und ja, nur allzu oft, meistens sogar, wenn ich raten müsste, nehmen wir sie an. Das muss zwar nicht so sein (dazu später noch mehr), ist aber oft der Fall. In diesem ersten Schritt war es mir nur wichtig, dass du weißt, wovon ich spreche, und diese im Alltag erkennst, wenn sie an dich herangetragen werden, und somit ein Stück bewusster wahrnimmst.

Die Bedeutung von Dramaeinladungen für Dramen ist extrem hoch: Wenn niemand Dramaeinladungen annehmen würde, gäbe es keine Dramen. Nebenbei gesagt, wenn es keine Dramen gäbe, würde auch niemand Dramaeinladungen aussprechen. Offenbar handelt es sich um eine Variante des Henne-Ei-Problems. Was zuerst da war? Keine Ahnung. Das mag eine interessante philosophische Frage sein. Die richtige Antwort darauf — sofern es eine solche gibt — ist aber für unsere Zwecke nicht wichtig und schon gar nicht entscheidend. Wir können einfach nur zur Kenntnis nehmen, dass es beides gibt — Dramen und Dramaeinladungen. Was wichtig ist, und worum es in diesem Buch geht, ist vielmehr die Antwort auf die Frage: Wie kannst du die Dramen in deiner Welt, die in deinem Alltag erkennen und reduzieren oder — das wäre natürlich am allerbesten — erst gar nicht entstehen lassen?

Ist denn alles ein Drama?

Also inzwischen haben wir festgestellt: Es wimmelt nur so von Dramen und potenziellen Dramen in unserem Alltag — innen wie außen. Gefahr erkannt, heißt zwar noch nicht Gefahr gebannt, ist aber zumindest ein Schritt in die richtige Richtung.

Gleichzeitig stellt sich die Frage: Moment mal, ist denn alles ein Drama?

Die Antwort: Nein, ist es nicht, aber alles hat das Potenzial zu einem zu werden. Selbst so etwas Schönes und Positives wie die Liebe zwischen zwei Menschen zum Beispiel hat dieses Potenzial: Sobald sie besitzergreifend wird, man meint ohne den anderen nicht (mehr) leben zu können, sobald sie zu einem „Ich liebe dich nur, wenn du mich auch liebst“ mutiert oder auch wenn Eifersucht ins Spiel kommt. Immer dann entsteht ein Drama und wächst berauschend schnell. Die letzte Eskalationsstufe in diesem Beispiel ist dann oft eine Trennung, die die Vorlage für einen Hollywood-Blockbuster sein könnte. Da muss nichts erfunden werden. Es reicht, die Realität eins zu eins in ein Drehbuch zu schreiben. Ich selbst habe leider solche ausgewachsenen Dramen bereits ein paarmal im Freundeskreis einigermaßen hautnah miterlebt zum Glück nie selbst. Und selbst mit ein wenig Abstand gab es eine Menge Einladungen, mit einzusteigen und das Drama mit meiner Energie zu speisen.

Das bedeutet, alles hat das Potenzial zum Drama zu werden. Es ist eine Frage der Intensität bzw. Größe, der Zwanghaftigkeit und Obsession, mit der etwas verfolgt wird. Oder anders gesagt: Immer dann, wenn man einer Idee, einer Sache oder einem Menschen über ein vernünftiges Maß hinaus Bedeutung oder Wichtigkeit gibt, ist der Samen für ein Drama gesät.

Jemand macht gerne Sport, bewegt sich gerne an der frischen Luft und hat sich vielleicht das verbreitete 10.000-Schritte-pro-Tag-Ziel dafür vorgenommen. So weit, so gut. Nun kann diese Person aufgrund beruflicher Aktivitäten, schlechtem Wetter oder auch Unpässlichkeiten sich ein paar Tage nicht bewegen. Statt 10.000 sind es vielleicht nur 500 oder 1.000 Schritte. Das ist der

Informationsanteil. Nun beginnt diese Person, Energie zuzuführen. „Mist, heute habe ich nur 1.000 Schritte gemacht und morgen werde ich es vermutlich auch nicht mehr schaffen, wenn überhaupt. Wenn das so weitergeht, nehme ich wieder zu." Und schon hat ein neues Drama das Licht der Welt erblickt — oder ein latentes, das es ohnehin bereits gab, ist aus dem Schlummer erwacht.

Natürlich gibt es Themen, bei denen die Gefahr, dass daraus Dramen, oft sogar große Dramen entstehen, deutlich größer ist als bei anderen. Das eben beispielhaft erwähnte Bewegungsthema ist weniger dramagefährdet als die Weltanschauungen, die während der Corona-Krise zwischen den beiden Lagern „Impf-Gegner und Impf-Befürworter" aufeinanderprallten. Da war ein wirklich großes, energiereiches Drama vorprogrammiert.

Doch halt, eigentlich waren es zwei Sub-Dramen — eines der Befürworter und eines der Gegner, die sich zu einem großen, übergeordneten Drama vereint haben. Wie bereits mehrmals erwähnt, nur damit wir das nie vergessen: Dem Drama ist es egal, woher die Energie kommt, von dem es sich nährt. Das einzig Wichtige ist, dass es genug davon bekommt. Das bedeutet natürlich auch, dass alle, die auf die Straße gegangen sind und gegen die Corona-Maßnahmen demonstriert haben, dem übergeordneten Corona-Drama unglaublich viel Energie zugeführt und es so genährt und am Leben gehalten haben.

Dramen – Ursachen und Ursprünge

Anhand der gebrachten Beispiele hast du inzwischen vermutlich bereits eine Ahnung davon, wie Dramen entstehen. Doch das reicht noch nicht. Je besser du das verstehst, desto besser gelingt es dir, die Dramen in deinem Leben zu reduzieren und — aus manchen Bereichen — vielleicht sogar ganz zu verbannen. Ein Leben ganz und gar ohne Drama ist ein Ziel, an dem du vermutlich bis an dein Lebensende arbeiten kannst, ohne es zu erreichen. Zumindest im Rahmen unserer Art zu leben, in den weitesten Bereichen der Welt, ist ein vollkommen dramafreies Leben kaum bis nicht vorstellbar. Zu häufig und verlockend sind die Einladungen. Zu wenig geübt sind wir im Umgang mit Ihnen und mit uns selbst.

Das sage ich nicht, um dich zu frustrieren oder mutlos zu machen. Ganz und gar nicht. Vielmehr geht es darum, dass auch das Ziel, dramafrei zu leben, Dramapotenzial hat — jede Menge sogar. Und das wäre doch die Krönung, das Überdrama sozusagen, oder? Gleichzeitig ist auch sehr viel erreicht, wenn wir alle es schaffen, das eine oder andere Drama zu reduzieren oder vielleicht sogar ganz zu vermeiden.

Was also trägt nun zur Entstehung von Dramen bei? Es sind vor allem einige grundlegende Denk- und Verhaltensmuster, die die Dramen und deren Wachstum begünstigen. Blöderweise sind es solche, die bei uns weit verbreitet und bei Menschen auch recht fest verankert sind.

Die folgenden Gründe habe ich versucht in eine Reihenfolge zu bringen, die ihrer Bedeutung entspricht. Wenngleich diese fern jeder mathematischen Exaktheit ist. Aber als grobe Orientierung kann uns die Reihung allerdings gute Dienste leisten.

Zu wenig Bewusstheit

Wir, und damit beziehe ich mich vor allem auf die Menschheit im westlich orientierten Teil der Welt, haben es vor langem verlernt, unser Leben bewusst zu leben. Die in den östlich orientierten Teilen der Welt hatten diesbezüglich traditionell einen Vorsprung, sind aber dabei, diesen rasch zu verlieren. Zu vielfältig, zahlreich und verlockend sind die Ablenkungen und Versuchungen geworden. Permanent werden wir über alle möglichen Medien — immer mehr natürlich online — mit zu 99 % vollkommen überflüssigen — Informationen berieselt bzw. bombardiert. Und alle wollen sie unsere Aufmerksamkeit, die wir Ihnen nur allzu oft und allzu gerne und leichtfertig geben. Diese Ablenkungen sind ja schließlich auch sehr geschickt gemacht und in mundgerechte Häppchen geschnitten. Es fällt uns ganz leicht „Ja" zu sagen und diese zu konsumieren. Und — du ahnst es vermutlich schon — die Allermeisten dieser Versuchungen und Ablenkungen sind auch mehr oder weniger versteckte Dramaeinladungen.

All das bringt uns dazu, dass wir selten bis nie mit unserer Aufmerksamkeit bei dem sind, was wir gerade tun. Wir sehen fern, wenn wir essen. Wir hören ein Hörbuch, wenn wir durch den Wald laufen (etwas, das ich häufig mache). Wir scrollen durch Facebook, während wir uns mit Freunden unterhalten. Wir befinden uns die meiste Zeit über in einer Alltagstrance. Und nein, ich will nicht als jener gelten, der mit dem erhobenen Zeigefinger dasteht und das Verhalten so vieler als schlecht und verwerflich darstellt. Wie könnte ich, bin ich doch selbst einer der vielen. Und du kannst das natürlich weiterhin tun. Ich möchte es dir nur ein Stück weit bewusster machen.

Und wenn wir nicht gerade in irgendwelche anderen Ablenkungen vertieft sind, stehen die Chancen recht gut, dass wir uns mit unseren Gedanken entweder in der Vergangenheit oder auch in der Zukunft befinden. Überall anders, nur nicht im Hier und Jetzt. Dazu müssen wir uns förmlich zwingen.

Woran es uns fehlt, ist ein vernünftiges oder zumindest ein minimales Maß an Bewusstheit, viele sagen auch Achtsamkeit dazu. Einfach nur im Hier und Jetzt zu sein. Wenn wir essen, einfach zu essen und dabei mit all unseren Sinnen beim Essen zu sein und dabei festzustellen, dass es plötzlich noch sehr viel besser schmeckt. Und wenn wir uns mit anderen unterhalten, mit all unserer Aufmerksamkeit und unseren Sinnen beim Anderen zu sein, um festzustellen, wie sehr dieses Gespräch plötzlich an Tiefe gewinnt. Und wenn wir mit uns allein sind, einfach nur bei uns zu sein, in diesem Moment an diesem Ort. Zugegeben, das ist vermutlich die schwierigste Aufgabe.

Doch der Lohn, den wir für mehr Bewusstheit erhalten, ist ein großer. Wir nehmen — zwar immer noch nicht alles — aber doch sehr viel mehr wahr. Im Außen, aber auch im Innen. Die Dramaeinladungen, die sich in unserer Alltagstrance ganz leicht und leise einschleichen und freudig angenommen werden können, haben es sehr viel schwerer, wenn wir uns in einem bewussten Zustand befinden. Das bedeutet, der Mangel an Bewusstheit ist der vermutlich wichtigste Grund, warum es so viele Dramen gibt — im Außen wie im Innen.

Zu viel Bedeutung

Was wir nicht alles als wichtig bezeichnen. Das Meeting mit dem Vorgesetzten oder dem Kunden, das Fest bei den Nachbarn, die Diät einzuhalten oder mit dem Auto zur Werkstatt zu fahren. Wir gehen mit dem Begriff „wichtig" sehr großzügig um — sorglos sogar. Was aber tatsächlich wichtig ist, kann man durchaus kontrovers diskutieren. Sind wir überhaupt dazu imstande bzw. berufen, diese Frage kompetent zu beantworten? Allgemeingültig schon gar nicht.

Die australische Krankenschwester Bronnie Ware hatte die Idee, Menschen am Ende ihres Lebens zu fragen, was sie rückblickend bedauern, und aus den Antworten das Buch „5 Dinge, die Sterbende am meisten bereuen" zusammengetragen. Das Meeting mit der Geschäftsführung verpasst, nicht noch mehr gearbeitet oder dem blöden Autofahrer, der sie 20 Jahre zuvor geschnitten hatte, nicht so richtig die Meinung gesagt zu haben, gehören nicht zu den Themen, die in dem Buch auftauchen. Die Antworten darauf haben wenig bis nichts mit dem zu tun, was wir tagtäglich als wichtig ansehen oder bezeichnen.

Doch welche Relevanz hat das für unser Thema hier, die Dramen. Ganz einfach. Ein Drama kann ausschließlich nur aus etwas entstehen, das für irgendwen wichtig (genug) ist. Etwas, das wir als nicht wichtig, vielleicht sogar als bedeutungslos erachten, hat ganz schlechte Karten doch noch zum Drama zu werden. Dafür müsste zuvor seine Bedeutung gesteigert werden. Indem wir die Bedeutung der Dinge reduzieren, verringern wir im selben Schritt die Dramen in und um uns.

Nun gibt es naturgemäß Dinge, Menschen und deren Verhalten, Situationen und Vorkommnisse, die wir positiv bewerten und solche, die wir typischerweise negativ bewerten. Im brandneuen Cabrio einen Ausflug am Wochenende zu unternehmen, ist für fast alle etwas Schönes, etwas Positives, zumindest in der Vorstellung. Das bedeutet nicht, dass so ein Ausflug nicht auch eine dramatische Wendung nehmen kann. Der Chef, der dir vorwirft, dass du deine Arbeit nicht ordentlich oder schnell genug machst, ist im Normalfall negativ besetzt.

Der gesunde Menschenverstand sagt uns, dass es uns sicher nicht guttut, wenn wir Negatives zu wichtig nehmen und dem, was uns nicht gefällt — was wir schlimm finden — mehr Raum geben. So weit, so gut. Doch auch die Übersteigerung der Wichtigkeit bei positiven Dingen oder Ereignissen in die andere Richtung birgt Dramapotenzial. Es ist sicher etwas Gutes, sich über eine positive Sache zu freuen. Diesem Guten allerdings zu viel Bedeutung beizumessen, birgt Gefahren. Es kann dadurch eine gewisse Abhängigkeit davon entstehen. Es kann dazu führen, dass du es nicht nur haben willst — was in Ordnung ist —, sondern richtiggehend brauchst, was wiederum ein guter Nährboden für Dramen ist. Darauf werden wir in einem der nächsten Dramaauslöser noch genauer eingehen.

„Allzu viel ist ungesund!"

Diese alte Lebensweisheit trifft — unter dem Aspekt des Dramapotenzials betrachtet — auf alles zu. Zu viel von etwas — egal ob gut oder schlecht — bringt immer erhöhte Dramagefahren mit sich, und das auch aus einem weiteren Grund.

Wenn du etwas Gutem eine übersteigerte Bedeutung und Wichtigkeit gibst, dann wirst du sehr wahrscheinlich auch anderen häufiger davon erzählen. Verständlich, denn es ist sehr wichtig für dich und beschäftigt dich daher oft oder sogar die ganze Zeit über. Das ruft erfahrungsgemäß häufig auch andere auf den Plan, die aus Neid, Geltungsbedürfnis oder anderen Gründen versuchen, dein Gutes ein wenig zu reduzieren. Sie werden versuchen, die Löcher in deinem leckeren Käse zu finden und sich ganz darauf konzentrieren.

„Ja, so habe ich früher auch darüber gedacht. Aber warte nur, du wirst auch noch darauf kommen, dass nicht alles Gold ist, was glänzt." Wirst du von ihnen hören, oder auch: „Ist ja schön, dass dir das so viel Spaß macht, aber ich brauche das nicht. Ich bin ganz froh darüber, so wie es ist." Diese Aussagen entspringen einer bestimmten Dramarolle, einem Dramatypus — dem Miesmacher —, mit dem wir uns noch ausführlich beschäftigen werden.

Auch beim Schreiben dieses Buches habe ich mir überlegt, auf welche Art und Weise ich es schreibe. Einerseits will ich dich dabei unterstützen, die Dramen in deinem Leben zu reduzieren, andererseits will ich aber auch nicht, dass du das, was ich hier schreibe, als allzu bedeutungsvoll nimmst — auch das könnte die Dramaenergie erhöhen. Daher bemühe ich mich, es locker und informell, vertraulich klingen zu lassen. Daher schrecke ich auch nicht davor zurück, bei einem potenziell ernsthaften Thema, das eine oder andere auch nicht so ganz ernst zu meinen und mit einem Augenzwinkern niederzuschreiben.

Warum ich das mache? Auch aus der übersteigerten Bedeutung und Wichtigkeit der Inhalte dieses Buches könnte ein Drama entstehen und das ist das Letzte, was ich mit diesem Buch erreichen will. Mein Ego würde sich natürlich freuen, wenn du meinem Buch sehr große Bedeutung beimisst. Die Stärke des Egos der Menschen ist ein guter Indikator für potenzielle Dramen. Immer wenn das Ego reagiert — sich freut oder auch ärgert —, besteht eine Dramagefahr. Daher ist es mir am liebsten, wenn du dem Buch gerade so viel Bedeutung gibst, die es braucht, um für dich seinen Zweck zu erfüllen — nicht mehr und nicht weniger.

Die Krux mit dem Vergleichen

„Der verdient mehr als ich. Die ist schlanker als ich, obwohl sie viel mehr isst. Dieser Post hat viel mehr Likes als meiner." — Wir sind ständig am Vergleichen. Wir vergleichen alles mit allem und uns mit allen möglichen anderen Menschen. Wenn jemand in einem bestimmten Punkt weit über uns steht, ist so ein Vergleich noch relativ wenig dramagefährdet.

So kann ich zum Beispiel relativ gelassen zur Kenntnis nehmen, dass Elon Musk sehr viel mehr als ich verdient bzw. besitzt. Diese Latte liegt so extrem hoch, dass ich ganz entspannt und ohne anzustoßen darunter hindurch spazieren kann. Ich kenne ihn nicht, er ist weit entfernt und macht etwas ganz anderes als ich. Das ist auszuhalten, ohne dass daraus einem lauernden Drama Energie zufließen würde.

Natürlich könnte ich ein potenzielles Drama nähren, indem ich mir vor Augen halte, dass er zum Beispiel 1971 geboren wurde und damit 5 Jahre jünger ist als ich. Natürlich könnte ich mich fragen, warum er es in kürzerer Zeit so viel weiter als ich gebracht hat — zumindest was die Finanzen betrifft. Natürlich könnte ich so ganz gezielt und bewusst einem Drama Geburtshilfe leisten. Mache ich aber nicht, soweit ich es vermeiden kann. So masochistisch bin ich dann auch nicht veranlagt.

Sehr viel schwieriger ist es allerdings, wenn die Parameter der anderen Personen — derer, mit denen ich mich vergleiche —, meinen ähnlicher sind. Man ist zur selben Schule gegangen, vielleicht sogar in dieselbe Klasse. Man kannte sich in jungen Jahren sehr gut. Die Person macht im Prinzip dasselbe wie man selbst, nur eben mit sehr viel mehr wirtschaftlichem (oder auch anderem) Erfolg und bekommt dafür sehr viel mehr Aufmerksamkeit. Die Person hat erst viel später mit einem Instagram-Account begonnen und hat trotzdem jetzt dreimal so viele Follower. Je vergleichbarer man mit der anderen Person anhand solcher Kriterien ist, desto größer ist die Gefahr, dass aus einem Vergleich ein Drama erwächst.

Wir (ver)urteilen ständig

Wobei das Vergleichen alleine wäre noch nicht schlimm, nicht so schlimm zumindest. Was wir genauso häufig tun wie vergleichen, ist zu urteilen. Ich bin nicht der Meinung, dass das Urteilen etwas ist, was man aus unserem Denken vollkommen eliminieren sollte, geschweige denn überhaupt könnte. Situationen zu beurteilen ist für Menschen (über)lebenswichtig — immer schon gewesen. Ist der andere gefährlich, harmlos oder sogar vielleicht nett? Will mir jemand etwas Böses oder etwas Gutes? Diese Art von Einschätzung hilft uns, gefährliche von ungefährlichen Situationen zu unterscheiden. So weit so sinnvoll und nützlich.

Doch stellt sich ernsthaft die Frage: Wann und wo sind wir in unserer modernen Welt in Situationen, in denen es wirklich potenziell gefährlich ist? Die gibt es zwar, aber nicht annähernd so häufig wie wir urteilen. Der kleine, aber feine und entscheidende Unterschied liegt in der Vorsilbe. BE-urteilen wir oder VER-urteilen wir jemanden oder etwas?

Be-urteilen meint, mit einem ausreichenden Maß an Rationalität und Vernunft — so viel wie uns eben zur Verfügung steht — an eine Situation heranzugehen, die verfügbaren Fakten zu prüfen und dann eine Be-urteil-ung vorzunehmen. Aus dieser ergeben sich dann Handlungskonsequenzen — oder auch nicht. Diese Vorgehensweise ist eine, die die Entstehung von Dramen hemmt oder gar völlig verhindert. Es ist aber auch eine, derer wir uns eher selten, definitiv nicht oft genug, bedienen.

Was wir sehr viel öfter und mit viel Enthusiasmus und Energie machen ist zu VER-urteilen.

- Wir fällen aus dem Bauch heraus Urteile, in Situationen, die es gar nicht erforderlich machen, überhaupt ein Urteil zu fällen.
- Fakten sind dabei spärlich gesät und außerdem irrelevant für unser Urteil.
- Die Wenigen, die dann doch herangezogen werden, werden verzerrt, verallgemeinert und wahlweise auch selektiv weggelassen.
- Die Vernunft hat in diesem ganzen Prozess wenig bis nichts zu melden.
- Vielmehr machen wir das spontan und aus dem Bauch heraus, getrieben von unseren Emotionen, die in der Situation auftauchen und das Ruder übernehmen.
- Die Bewusstheit, von der wir eben noch gesprochen haben, ist nicht vorhanden.

Und entstehen Urteile, die schlecht, falsch und vor allem vollkommen überflüssig sind.

Du bist mit einer Freundin oder einem Freund unterwegs. Eine dritte Person, die ihr zufällig trefft und beide kennt, kommt dazu. Ihr führt ein kurzes, zwangloses Gespräch auf der Straße, die dritte Person verabschiedet sich und zieht weiter. „Hast du gesehen, was die getragen hat? Das ist selbst für ihre Verhältnisse gewagt", kommt die erste Wortmeldung deiner Begleitung. Eine klare und deutliche Veurteilung und Dramaeinladung. Ist oder war irgendjemand in Gefahr? Nein. Das Urteil hat in dieser Situation nur einen einzigen Zweck: Das zarte Dramapflänzchen mit Energie zu versorgen und sein Wachstum anzuregen.

Doch es muss gar nicht genau diese Situation sein, in der auf diese Art und Weise VER-urteilt wird. Das geht auch anders. „Der hat mich geschnitten. So ein Idiot." „Schon wieder so ein Sauwetter heute. Das ist doch kein Sommer dieses Jahr." „Der hat viel mehr Follower als ich auf Instagram, obwohl er wenig Ahnung von dem hat, was er so von sich gibt und ich sicher der bessere Experte in dem Bereich bin." Wir brauchen dafür nicht einmal jemand anderes oder überhaupt ein Außen. „Gott bin ich fett geworden", zu seinem Spiegelbild zu sagen, schaffen viele auch sehr gut, ganz allein.

Wie oft finden solche Verurteilungen tagtäglich statt? Wenn ich sagen würde, bei jedem von uns ein Dutzend Mal pro Tag, wäre das eine erschreckend hohe Zahl und gleichzeitig möglicherweise stark untertrieben. Und jedes Einzelne nährt irgendein Drama, das dadurch entstehen könnte oder voll im Gange ist und so weiter an Dynamik und Kraft gewinnt.

„Und wie soll das bitte funktionieren, so ganz ohne Urteil?“, fragst du dich vielleicht? Darauf werden wir später noch sehr viel genauer eingehen. An dieser Stelle nur ein paar Beispiele zu den oben beschriebenen VER-urteilungen. So könnten diese ohne Urteil und damit völlig undramatisch klingen:

- Sie hat einen Minirock und ein bauchfreies Top getragen.
- Der Autofahrer hat sich knapp vor mir eingereiht und ich musste dadurch abrupt abbremsen.
- Es regnet gerade.
- Ich wiege 82 Kilogramm und habe einen Bauchumfang von 90 cm.

Und wenn das langweilig klingt, dann vielleicht nur, weil du es gewohnt bist, deine Unterhaltung aus dem Drama zu ziehen.

Die Unfähigkeit loszulassen

Wir umgeben uns gerne mit Dingen, Orten und Menschen — und vor allem mit Gedanken, die wir kennen, die uns gefallen, die wir mögen und die uns guttun. Alles andere wäre auch zumindest seltsam, vielleicht sogar bedenklich. Auch hierbei macht die Dosis das Gift. Spätestens wenn aus dem Mögen ein Brauchen, aus dem Haben wollen ein Haben müssen und aus dem Lieben ein Besitzen wollen wird, ist die Schwelle überschritten. Dramen aller Art sind auf so einem Nährboden vorprogrammiert.

Sie will mit einer Freundin weggehen und ihm gefällt das nicht. Geht sie wirklich mit einer Freundin weg? Wer weiß das schon so genau. Da wäre es doch wesentlich besser und sicherer, wenn Sie nicht allein ohne ihn weggehen würde. Er spricht sie darauf an und sagt ihr, dass ihm das nicht recht ist, dass sie ohne ihn weggeht. Sie hat keinerlei Verständnis dafür, denn sie wollte doch nur mit einer Freundin weggehen. Kein Grund, so einen Zirkus zu veranstalten. Sie fühlt sich eingeengt und kontrolliert. Und jetzt geht sie erst Recht mit der Freundin weg und die Tür knallt ins Schloss als sie geht. Das Drama hat die erste, aber vermutlich nicht die letzte Runde, erfolgreich absolviert.

Wir vergessen allzu gerne, dass wir nichts, gar nichts festhalten können. Am Ende nicht einmal unseren eigenen Körper oder Geist. Um sicherzustellen, dass das, was wir mögen, bei uns bleibt, versuchen wir es dennoch festzuhalten. Wir haften an und kleben uns fest. Suchen darin eine Sicherheit, die sich letztlich immer als Illusion erweist. Die einzig wahre Sicherheit haben wir, wenn wir loslassen können — alles im Vertrauen darauf, dass es gut ist.

Hast du schon einmal versucht, ein Eichhörnchen zu füttern, so dass es dir aus der Hand frisst? Mit ein wenig Geduld und Ruhe geht das. Angelockt durch das Futter auf deiner Handfläche kommt es näher. Ganz vorsichtig zuerst, bis es sich die Nuss von deiner Hand schnappt und damit verschwindet. Beim zweiten, dritten oder vierten Mal werden die Tierchen zutraulicher und laufen nicht gleich weg. Doch wehe, du versuchst eines, in dem Moment, in dem es sich seine Nuss aus deiner Hand holt, festzuhalten. Es wird verschwinden, vermutlich auf Nimmerwiedersehen. Das heißt, wenn wir wollen, dass etwas oder jemand bei uns bleibt, müssen wir bereit sein, loszulassen. Klammern bewirkt das Gegenteil.

Doch nicht nur das Klammern an Menschen verursacht häufig Dramen. Wir hängen uns häufig auch an Orte, Situationen oder Dinge. Im Urlaub muss es immer ein ganz bestimmtes Hotel sein, genau das letzte Zimmer im Gang und am ersten Abend ein ganz bestimmtes Restaurant, um dort das zu essen, was du immer am ersten Abend isst. Und alles ist gut, solange es das Hotel, das Zimmer, das Restaurant und das Gericht gibt. Doch wehe, es verändert sich eines dieser Puzzleteile in unserem Urlaubsgebilde. Das Hotel hat zugesperrt oder das Zimmer ist bereits verbucht, das Restaurant ist jetzt ein McDonalds und dieser hat natürlich dein spezielles Gericht nicht. Was dann? Wenn ich wetten müsste, würde ich in diesem Fall mein Geld auf das Drama setzen.

Brauchen statt nur wollen

Sehr eng verwandt mit dem Klammern ist das Brauchen. Man könnte es auch als die Übersteigerung des Wollens bezeichnen. Oder man könnte es auch so formulieren: Wenn wir dem Wollen zu viel Bedeutung geben, dann wird daraus das Brauchen.

Doch wo hört das Wollen auf und wo beginnt das Brauchen? Etwas zu wollen, Wünsche und Ziele zu haben, ist normal, menschlich, gesund und per se undramatisch. Es spricht auch gar nichts dagegen, vieles oder viel zu wollen. Das können Dinge oder auch

Menschen sein. Das kann auch etwas sein, das du erreichen oder vollbringen möchtest. Das kann ein Ziel sein, ein ganz großes sogar. Entscheidend, ob daraus ein Drama werden kann oder nicht, ist nicht die Größe dessen, was du willst und auch nicht die Menge. Entscheidend ist das, wie du reagierst, wenn du es nicht bekommst, es nicht erreichst.

Wenn du enttäuscht bist, frustriert oder gar die Welt für dich zusammenbricht oder zumindest zu bröckeln beginnt, dann ist ein Drama fast vorprogrammiert. Es gibt einen Unterschied zwischen dem angestrebten Zielzustand, dem, was du willst bzw. wolltest, und dem wahrgenommenen Ist-Zustand. Und dieser Unterschied bietet alles, was innere Dramen benötigen, um das Licht der Welt zu erblicken. Dieser Unterschied ist eine Spielwiese, ein Freiraum, in dem sie sich wunderbar entwickeln und entfalten können.

Wenn du diesen Unterschied wahrnimmst und dabei negative Emotionen in dir aufkommen, dann ist das ein deutliches Zeichen dafür, dass du etwas nicht nur willst, sondern brauchst. Brauchen ist zu viel des Wollens. Brauchen bedeutet, dass es für dich nicht ohne geht — egal ob das ein anderer Mensch ist, ein Gegenstand oder auch etwas wie ein Urlaub. Wenn du das Gefühl hast, dass etwas sein muss, damit es dir gut geht, damit du eine Chance hast, glücklich zu sein, dann brauchst du es. Wenn du etwas nur willst, durchaus auch aus vollem Herzen, aber auch ohne nicht nur leben, sondern auch glücklich sein kannst, dann brauchst du es nicht, sondern willst es bloß.

Es gibt Bereiche im Leben eines jeden Menschen, die in seinem unmittelbaren Einflussbereich stehen und solche, die außerhalb, oft auch weit außerhalb dieses Einflussbereiches sind. Das Wetter etwa ist etwas, das auch du vermutlich nicht beeinflussen kannst. Ich habe es versucht und bin kläglich gescheitert. In dieselbe Kategorie fallen auch Dinge wie der Verkehr, die Pünktlichkeit von Zügen oder Flugzeugen oder auch, wer im Urlaubshotel im Zimmer über oder neben dir ist (außer wenn du diese alle selbst mieten würdest). Doch das hält uns nicht davon ab, auch solche Dinge in unseren Wunschkatalog mit aufzunehmen. Die Dramagefahr steigt dadurch natürlich enorm an.

Das bedeutet nicht, dass du keine großen Ziele haben kannst oder sollst. Doch gibt es einen Unterschied zwischen einem großen Ziel, für das du dich enorm anstrengen musst — und das vielleicht über einen langen Zeitraum —, um es zu erreichen und etwas, das (von dir) nicht erreichbar ist, nicht erreichbar sein kann, egal wie sehr und wie lange du dich anstrengst, weil es zu weit außerhalb deines Einflussbereiches liegt.

Wo für dich die Grenze zwischen erreichbar und nicht erreichbar liegt, kann ich dir nicht beantworten. Das hängt vor allem davon ab, welche Ressourcen, Mittel und Möglichkeiten dir zur Verfügung stehen. Solltest du der Präsident eines Landes sein (es würde mich ganz besonders freuen, wenn du als solche oder solcher gerade dieses Buch liest), dann verläuft diese Grenze — zumindest pragmatisch betrachtet — woanders als bei einem Obdachlosen, der in demselben Land unter der Brücke schläft.

Doch eines ist klar: Wenn dein Wunsch lautet, dass an deinem Wohnort das Wetter die ganze nächste Woche sonnig, windstill und regenfrei ist, dann hast du diese Grenze definitiv überschritten.

Und wenn du etwas, das jenseits dieser Grenze liegt, nicht nur anstrebst, sondern brauchst, dann ist dir das Drama so gut wie sicher. Und wenn du jetzt denkst, dass das ziemlich dumm wäre, dann denke mal an die vielen Menschen, die nicht glücklich sein können (zumindest denken und sagen sie das), wenn es regnet oder sie im Stau stecken.

Widerstand leisten

Das Leben läuft nicht immer so, wie wir es wollen. Dinge geschehen, die uns nicht gefallen. Menschen verhalten sich auf Arten und Weisen, die nicht dem entsprechen, was wir gerne hätten. Das war immer so, ist so und wird vermutlich auch immer so sein. Der Gang der Dinge und das Verhalten der Menschen lässt sich zwar bis zu einem gewissen Maß beeinflussen und dort und da ein wenig lenken, aber unter Kontrolle haben wir wenig und — im ganz großen Rahmen betrachtet — so gut wie gar nichts. Und eben dieser Mangel an Kontrolle führt dazu, dass es einen Unterschied gibt zwischen dem, was wir gerne hätten und dem, was Realität ist.

Angesichts eines solchen Unterschiedes können wir uns auf zwei Arten verhalten: Wir könnten diesen einfach zur Kenntnis nehmen, oder aber wir beginnen dagegen anzukämpfen, Widerstand zu leisten und uns — bisweilen — vehement dagegen zu wehren. Und dieser Widerstand erzeugt ein Drama. Der Unterschied zwischen Wunsch und Realität per se nicht. Dieser Unterschied ist einfach nur ein Unterschied. Der Widerstand braucht Energie, die wir dabei geben, die dem Drama zufließt und es nährt, stärkt und wachsen lässt.

„Moment mal — Heißt das, ich muss alles hinnehmen — alle widrigen Umstände, alle unangenehmen und unangemessenen Verhaltensweisen anderer, alle Beleidigungen, Kränkungen und Verletzungen? Muss ich mich ganz und gar dem Schicksal bzw. den anderen Menschen ergeben?“ Auch wenn das schwer zu verstehen ist — ich weiß —, bedeutet es das nicht. Es heißt nicht, dass du keine Schritte setzt, die dazu geeignet sind, dich aus einer Situation herauszuführen, in der du nicht sein willst. Doch aktive Schritte in die Richtung zu setzen, in die du dich bewegen willst, ist etwas ganz anderes als einfach nur mit dem aktuellen Zustand zu hadern, sich darüber zu beschweren und Widerstand zu leisten. Das eine ist eine Bewegung von etwas Unangenehmen weg, das andere orientiert sich darauf, etwas Angenehmes zu erreichen. Das Erste erzeugt sehr viel eher Drama als das Zweite.

Wie bereits das ein oder andere Mal angesprochen, ist es dem Drama egal, woraus es seine Energie zieht, Hauptsache sie fließt reichlich. Und aus Widerstand lässt sich sehr einfach, rasch und vor allem auch viel Energie ziehen. Wenn du dich an Situationen erinnerst, in denen du im Widerstand warst, dann wird dir möglicherweise bewusst, wie viel Energie dich diese gekostet haben.

Die asiatischen Kampfkünste haben dieses Prinzip, das auch schon von jeher erkannt. Sie haben gelernt, es in die andere Richtung zu nutzen. Statt Widerstand zu leisten, nutzen sie die Energie des Gegners für ihre Zwecke und gegen diesen selbst. Ich habe vor einer halben Ewigkeit Judo gelernt. In diesem Kampfsport habe ich Techniken gelernt, mit denen es ein Leichtes ist, einen deutlich schwereren und kräftigeren Gegner ohne große körperliche Anstrengung durch die Luft fliegen zu lassen — und das ganz ohne Widerstand zu leisten.

Das Leben ist ein Fluss, manchmal auch ein breiter Strom, von dem du mitgezogen oder -gerissen wirst. Das Wichtigste ist, dass du dabei beim Schwimmen mit dem Kopf über der Oberfläche bleibst. Aber vielleicht hast du ja auch ein Ruderboot, das im Wasser flussabwärts treibt. Flussaufwärts zu rudern, dich so ich der Strömung zu widersetzen, wird dir nicht lange gelingen. Das bedeutet allerdings nicht, dass du dem Fluss machtlos ausgeliefert bist. Statt dagegen anzukämpfen, kannst du das Steuer (wenn du eines hast) oder das Ruder einsetzen, um dein Boot im Fluss des Lebens zu lenken — mal mehr rechts, dann mehr links und dann wieder ganz in der Mitte. Es ist auch gar nicht nötig, umzudrehen und flussaufwärts zu rudern. Das Leben bringt auch flussabwärts ausreichend viele interessante Dinge und Gegenden mit sich, die du leicht erreichen kannst, ganz ohne Widerstand zu leisten.

Erwartungen hegen

Wie bereits weiter vorne erwähnt, sind wir mit unseren Gedanken selten im Hier und Jetzt, sondern in der Vergangenheit oder in der Zukunft. An die Vergangenheit können wir uns — mehr oder weniger gut und korrekt — erinnern. Von der Zukunft hingegen wissen wir nichts. Wie auch, sie ist ja noch nicht geschehen. Das hält uns allerdings nicht davon ab, uns darüber Gedanken zu machen, wie sie wohl sein wird. Wenn es um die nächste und nahe Zukunft geht, so sind wir uns — zurecht — ziemlich sicher, wie sie ablaufen wird. Und meistens treffen unsere Vorstellungen auch ein, wenngleich wir selbst auf die kurze Distanz manchmal daneben liegen, und zwar gewaltig — oder denkst du, der Fußgänger, der bei Grün über die Straße gegangen ist, hätte erwartet, dass ihn das Auto überfährt? Natürlich nicht, sonst wäre er vermutlich nicht gegangen.

Je weiter die Zukunft in die Zukunft rückt, desto schwerer fällt es uns, einigermaßen zutreffende Vorstellungen davon zu haben. Doch wie dem auch sei, nah oder fern, wir haben unsere Vorstellungen davon.

Wenn das nun nur Vorstellungen wären, so wäre es nicht weiter schlimm oder gefährlich, sofern es die Entstehung von Dramen betrifft. Doch nein, mit Vorstellungen geben wir uns meist nicht zufrieden, wir nicht. Vielmehr verwandeln wir viele der Vorstellungen in Hoffnungen, die enttäuscht werden können und oftmals auch werden. Und mindestens genauso häufig gehen wir noch einen Schritt weiter und machen daraus Erwartungen. Während eine Vorstellung eine noch ziemlich unschuldige Angelegenheit ist, kann man das von einer Erwartung ganz und gar nicht behaupten.

Eine Erwartung hat im Gegensatz zu einer Vorstellung etwas Fixes, Verbindliches und fast Unverrückbares. Etwas, mit dem man ernsthaft rechnet. Erwartungen können alles Mögliche betreffen. Uns selbst bzw. unser eigenes Verhalten, die Rahmenbedingungen wie das Wetter oder örtliche Gegebenheiten und vor allem auch das Verhalten anderer.

Und wie erwähnt, nachdem die Wahrscheinlichkeit, dass wir mit unseren in Hoffnungen oder Erwartungen transformierten Vorstellungen von der Zukunft richtig liegen, überschaubar groß ist, entsteht eine Diskrepanz. Das ist abseh- und vorhersehbar. DARAUS könnte man eine Erwartung machen und damit in sehr vielen Fällen sogar richtig liegen. Es entsteht ein Unterschied zwischen dem zukünftigen Ist-Zustand und der Erwartung.

Nun könnten die Erwartungen (für die Hoffnungen als kleinen Bruder der Erwartungen gilt im Folgenden dasselbe), die wir an die Zukunft knüpfen, natürlich negativer oder auch positiver Natur sein. In beiden Fällen, so seltsam das klingt, ist ein Drama vorprogrammiert. Lass uns mal annehmen, du hast eine negative Erwartung in Bezug auf einen anderen Menschen. Jemand zum Beispiel, den du triffst und von dem du erwartest, dass er dich schlecht behandelt, provoziert und in deinen offenen Wunden bohrt, versucht dich kleiner oder schlecht zu machen. Natürlich nur so, dass es vor allem dir auffällt. Andere würden an seinem Verhalten möglicherweise gar nichts Negatives feststellen können. Nun kommt es zu diesem Treffen und diese Person verhält sich tatsächlich so, wie erwartet. In diesem Fall entsteht zwar keine Diskrepanz zu deinen Erwartungen, gut geht es dir damit aber dennoch nicht. Das Drama, das lange vorher schon begonnen hatte — ansonsten hättest du gar keine negativen Erwartungen an dieses Treffen geknüpft — wird befeuert und mit frischer Energie versorgt — es wächst.

Oder aber du hättest an ein Treffen mit dieser Person positive Erwartungen gehabt. Doch siehe da, die Person verhält sich nicht so wie erwartet. Sie ist nicht so nett zu dir, stichelt, bohrt in offenen Wunden oder verhält sich sehr abweisend. Du bist enttäuscht, denn du hattest ja ein ganz anderes Verhalten erwartet. Wobei — genau betrachtet — im Wort „Enttäuschung" etwas Wichtiges in Bezug auf deine Erwartungen steckt. „ENT-täuscht" bedeutet nichts anderes als, dass du dich GE-täuscht hast (du dich selbst nämlich) und diese Täuschung nun beendet ist. Eigentlich könntest du froh sein, dass die Täuschung vorbei ist. Bist du aber nicht, ganz im Gegenteil sogar. Dass auch in dieser Variante sehr wahrscheinlich ein Drama entsteht, leuchtet ein.

„Was aber, wenn ich negative Erwartungen habe, und die Person verhält sich positiv. Was ist dann? Dann werde ich doch positiv überrascht. Das ist doch gut, oder?", könntest du zurecht fragen.

Und ja, auf den ersten Blick scheint es das zu sein und ist es sogar, eigentlich. Eigentlich deshalb, weil es offenbar bereits ein Drama gab, das irgendwann vor dem Treffen entstanden ist. Sonst hättest du keine negativen Erwartungen gehabt, diese Person betreffend. Und dieses Drama, lässt sich — wenn es nun schon existiert — nicht so leicht durch ein wenig positives Verhalten des anderen ausradieren. Schließlich will es, wie wir wissen, leben, wachsen und neue Energie bekommen. Und wenn es diese Energie schon nicht durch das negative Verhalten anderer auf direktem Weg bekommt, dann holt es sich die Energie auf anderen, verschlungenen, aber uns sehr vertrauten und bekannten Pfaden.

„Warum verhält sich der heute so anders? Seltsam, oder? Sonst ist der immer so unangenehm, doch heute? Freundlich, nett und fast zuckersüß — was ist da los? Da ist irgendetwas im Busch. Der meint das nicht ernst. Der will wahrscheinlich irgendetwas von mir. Aber nicht mit mir, ich habe dich durchschaut." So oder so ähnlich könnte das Drama die Situation zu seinen Gunsten interpretieren und versuchen, das Beste — für sich, versteht sich, nicht für dich — daraus zu machen. Und wenn du mich fragst, sind seine Erfolgschancen sehr gut.

Last but not least bliebe schließlich noch eine vierte Variante. Du hast positive Erwartungen an den anderen und dieser verhält sich tatsächlich auch auf eine sehr positive Art und Weise. Alles gut in diesem Fall, oder? Ja tatsächlich, alles so weit so gut. Kein Dramapotenzial in diesem Fall. Die Frage ist nur, wie wahrscheinlich dieser Fall ist und wie häufig er eintritt? Und wenn er eintritt und du hättest statt positiver, keine Erwartungen gehabt? Und damit meine ich ausdrücklich nicht negative Erwartungen, sondern keine, gar keine. Dann wärst du in diesem Fall positiv überrascht worden. Und das wäre, mir zumindest, noch lieber, als die positiven Erwartungen erfüllt zu bekommen.

Die perfekte Erwartung

Die Spitze des Erwartungseisberges ist das Streben nach Perfektionismus. Das ist ein Unterfangen, bei dem der Misserfolg zu 100 % vorprogrammiert ist. Perfektion ist etwas, das oft angestrebt wird, aber sehr schwer zu erreichen ist — in vielen Bereichen auch gar nicht. Gibt es überhaupt etwas wahrlich Perfektes auf der Welt? Ich weiß es nicht.

Und doch streben wir danach und begeben uns so auf eine Straße, die geradewegs ins Drama führt — eine, die im Drama enden muss, immer. Das Schlimme daran ist, dass sich diese Straße einen guten Namen, ein gutes Image aufgebaut hat. Etwas Perfektes — klingt doch gut, oder? Theoretisch ja, praktisch hat diese Straße jede Menge Schlaglöcher, Hindernisse und endet oft nicht dort, wo man eigentlich hinwollte.

Wie bereits erwähnt, gibt es praktisch wenig bis nichts, das perfekt wäre. Perfektion ist oft ein Irrglaube, der dadurch entsteht, dass wir sehr sorglos mit diesem Wort umgehen. Wir bezeichnen schnell einmal etwas als perfekt, das bei genauerer Betrachtung vielleicht gut oder auch sehr gut sein mag, aber perfekt? Frei von allen Fehlern?

Dabei wäre das Streben nach Perfektion noch nicht so schlimm, wenn es nicht in Kombination mit übergroßer Bedeutung auftreten würde. „Es muss perfekt sein und es ist sehr wichtig für mich", ist ein hervorragendes Rezept für ein formidables Drama.

Verallgemeinern

Ein verhaltenspsychologisch sehr gut untersuchtes Phänomen ist das des Verallgemeinerns. Die Psychologen nennen es allerdings anders — Heuristiken —, wobei diese nicht nur mit der Verallgemeinerung zu tun haben. Wie dem auch sei, wir verallgemeinern sehr häufig und sehr gerne. Wobei auch diese Aussage, am Rande bemerkt, eine Verallgemeinerung ist. Daran merkt man schon, dass das Verallgemeinern an sich nichts Schlechtes ist. Es hat definitiv seinen sprachlichen Nutzen. Stell dir bloß vor, wir würden das nicht tun, sondern alles immer exakt und detailorientiert behandeln und kommunizieren. Das würde unser Denken, Handeln und unsere Kommunikation mit anderen enorm verkomplizieren.

Und doch hat auch das Verallgemeinern seine Tücken und negativen Auswirkungen und ist eine häufige Ursache für Dramen. Wenn wir verallgemeinern, treffen wir dabei Schlussfolgerungen, die den Gesetzen der Logik widersprechen. Wir schließen von einem oder ein paar wenigen Einzelfällen auf die Gesamtheit. Das tun die Statistiker zwar auch bis zu einem gewissen Grad, aber sie tun es wenigstens mit wissenschaftlich erprobten Methoden. Sie wollen etwas über eine Gruppe von 1 Million Menschen wissen und befragen bzw. untersuchen dazu vielleicht 1.000.

Nun könnte es natürlich sein, dass die 999.000 Übrigen, die nicht befragt wurden, ganz andere Antworten geben und völlig anders denken bzw. sich ganz anders verhalten. Das geben die Statistiker auch zu. Sie können sogar berechnen, mit welcher Wahrscheinlichkeit sie sich irren. Durch die gewissenhafte, wissenschaftliche Auswahl der 1.000 ist die Wahrscheinlichkeit eines Irrtums relativ gering und damit vertretbar.

Und was tun wir im Alltag? Jemand sagt oder macht etwas, vielleicht sogar nur eine einzige Person und das nur ein einziges Mal. Daraus schließen wir auf das „wie er immer ist" oder noch schlimmer darauf, wie all die anderen sind, die zufällig am selben Ort oder im selben Land wohnen, dieselbe Sprache sprechen, denselben Beruf ausüben oder auch dieselbe Hautfarbe oder Religion haben. Wir verallgemeinern auf Teufel komm raus — würde ich sagen. Mit wissenschaftlicher Vorgehensweise hat das natürlich überhaupt nichts zu tun. Dass Verallgemeinerungen dieser Art einen hervorragenden Nährboden darstellen, auf dem Dramen wie Pilze nach einem Sommerregen auf einer sonnigen Waldlichtung sprießen, ist klar.

Dabei müssen es gar nicht die großen Dinge im Außen sein, die die Religion, Nationalität oder Hautfarbe betreffen. Wie so oft sind es die unzähligen kleinen Möglichkeiten zu verallgemeinern, die in Summe mindestens so viel Dramaenergie aufbauen wie die großen.

„Immer mach ich das. Ich bin doch zu blöd." „Warum stellst du deine Schuhe nie dorthin, wo sie hingehören?" „Du bist immer so abweisend zu mir." „Es regnet schon wieder. Der Sommer ist total zu vergessen." Der Sommer kann sich nun nicht zur Wehr setzen gegen diese — möglicherweise vollkommen unzutreffende — Verallgemeinerung. Wir selbst, wenn es um Generalisierungen geht, die uns selbst betreffen, setzen uns meist auch nicht zur Wehr. Warum auch und gegen wen, schließlich stammen solche verallgemeinerten Aussagen von uns selbst. Und wir kennen uns gut genug, um behaupten zu können, dass wir immer Recht haben — zumindest, wenn es um Dinge und Aussagen geht, die kritisch bis negativ uns selbst gegenüber sind. Das Drama läuft, die Energie fließt.

Und wenn es um Verallgemeinerungen geht, die andere betreffen? Da ist es im Normalfall so, dass sich diese gegen diese unzutreffenden Verallgemeinerungen zur Wehr setzen, dagegen argumentieren und sagen, dass unsere Behauptung jeglicher Grundlage entbehrt: „Nur weil ich das jetzt einmal so gemacht habe — das erste und einzige Mal übrigens —, heißt das sicher nicht, dass das immer so ist bzw. ich mich in Zukunft immer so verhalten werde." Widerstand entsteht und das Drama wird genährt, entwickelt sich und geht in die nächste Runde.

Zu viel Zeit

Ein nahezu banaler, aber sehr verständlicher und offensichtlicher Grund für so manche Dramen — kleine und große — ist die Tatsache, dass wir oft einfach zu viel Zeit haben. Das bedeutet nicht, dass nicht auch in Zeiten, in denen wir sehr viel zu tun haben, Dramen entstehen. Das tun sie, jedoch sind es meist ganz andere Arten von Dramen.

Wenn wir zu viel Zeit haben, die nicht gerade mit etwas ausgefüllt ist, das uns beschäftigt und gedanklich ablenkt, denken wir nach. Doch nein, diese Bezeichnung ist nicht ganz zutreffend. Wir denken nach, würde für mich eher ein absichtliches, bewusstes und zielgerichtetes Verhalten beschreiben. Doch genau das ist es in vielen Fällen nicht. Vermutlich würde der Ausdruck „wir werden gedacht“ eher auf das zutreffen, was abläuft.

Unser Gehirn kann eine Sache ganz schlecht: Nichts tun. Wenn man ein Auto parkt, den Motor abstellt, den Schlüssel abzieht, die Handbremse anzieht, aussteigt und das Auto zusperrt, dann kann man davon ausgehen, dass das Fahrzeug bis zu dem Moment, in dem man es wieder aufsperrt, den Schlüssel ansteckt und den Motor startet, genau nichts macht.

Beim Gehirn ist es leider nicht so. Es lässt sich nicht ganz abstellen. Das ist auch durchaus in Ordnung, sofern es die Aufrechterhaltung der unbewussten Abläufe im Körper betrifft. Schließlich muss es gewisse Funktionen 24/7 aufrechterhalten. Eine komplette Pause wäre eine sehr schlechte Idee. Aber es hat darüber hinaus offenbar noch jede Menge freie Verarbeitungskapazitäten und diese einfach ungenutzt zu lassen, zumindest eine Zeit lang, ist scheinbar schwierig bis unmöglich.

Und so produziert es permanent Gedanken, Bilder, Ideen, Meinungen über sich, andere und die Welt, (Vor)urteile und noch vieles mehr — was so einem Gehirn eben in den Sinn kommt, wenn es gerade nichts zu tun hat. Zugegeben, in diesem ganzen Konvolut können sich auch vereinzelt sinnvolle und hilfreiche Dinge befinden, vielleicht sogar mal eine richtige Perle, doch das meiste davon ist Gedankenmüll.

Und dieser Gedankenmüll ist häufig ein exzellenter Nährboden für Dramen aller Art. Darunter finden sich eine Menge Dramaeinladungen und ebenso vieles, was sehr gut dazu geeignet ist, um Dramen, die bereits ihren Anfang gefunden haben, am Laufen zu halten, mit Energie zu versorgen und zu verstärken.

Glauben, was wir denken

Dass unser Gehirn wie gesagt permanent Gedankenmüll produziert, wäre an sich noch nicht so schlimm. Schlimm und potenziell dramatisch wird es erst dadurch, dass wir das, was da so produziert wird, zu einem guten Teil glauben. Das ist auch verständlich, kommt es doch aus uns selbst.

Dabei könnten wir bei einem entsprechenden Maß an Bewusstheit natürlich erkennen, dass es sich um Müll handelt und entsprechend entgegenwirken. Wir könnten das hinterfragen, was uns da so als Wahrheit aufgetischt wird und unseren Verstand, die Ratio einsetzen und analysieren, auf welchen Fakten das Zeug so beruht, um in vielen Fällen rasch zu erkennen: auf überhaupt keinen. Die meisten dieser Gedanken, die so produziert werden, stehen im Grunde auf sehr wackligen Beinen und lösen sich in Nichts auf, wenn man sie ans Tageslicht zerrt. Das bedeutet allerdings auch nicht unbedingt, dass sie nicht schon bald wieder in ähnlicher Form entstehen: „Vielleicht ist ja doch etwas dran, man kann sich schließlich nie so sicher sein."

Doch da wir das Maß an Bewusstheit die meiste Zeit über nicht haben, kann der Gedankenmüll in den dunklen Winkeln und Ecken unseres Unterbewusstseins wachsen und gedeihen. Und so glauben wir erschreckend viel von dem, was wir denken bzw. besser gesagt von dem, was unser Gehirn so denkt und nähren so die Dramen.

Das Stille-Post-Phänomen

Kennst du das Spiel „Stille Post"? Vielleicht hast du es irgendwann als Kind schon einmal gespielt — wobei das Spiel auch für Erwachsene sehr lehrreich ist. Falls du es nicht kennst, es geht so: Eine Nachricht, in etwa von der Länge eines sehr kurzen Zeitungsartikels wird der ersten Person einer Gruppe vorgelesen, ohne dass die anderen dabei sind. Dann wird die nächste Person der Gruppe hinzugeholt und die erste Person erzählt diesem zweiten Spielteilnehmer die Nachricht möglichst originalgetreu weiter. Die zweite Person macht dasselbe mit der dritten Person usw. bis alle Spielteilnehmer durch sind und die Nachricht dann von der letzten Person allen laut erzählt wird. Diese Version wird dann mit der ursprünglichen, schriftlichen Version verglichen. Selbst nach nur 3 — 5 Personen, die diese Nachricht weitergeben, hat das Endergebnis mit der ursprünglichen Nachricht oft nur noch sehr wenig bis gar nichts zu tun. Oft reichen schon 1 — 2 Stille-Post-Stationen, um den Inhalt grundlegend zu verändern. Ich habe dieses Spiel als Übung in Kommunikationsseminaren schon oft gemacht und das Ergebnis war immer dasselbe: Das, was herauskam, war ganz anders als das, was vorgelesen wurde.

Was das mit Dramen zu tun hat? Ganz einfach. Wir spielen Stille Post tausendfach im Alltag. Wir hören oder lesen etwas, oft nicht einmal genau und gewissenhaft, sondern schnappen nur auf und erzählen es dann weiter. „Hast du schon gehört, dem XY ist Folgendes passiert. Also ich halte das für eine Schweinerei, gelinde gesagt.“ Und nachdem schlechte Nachrichten größere Aufmerksamkeit erhalten als gute, erzählen wir schlechte natürlich sehr viel lieber und öfter weiter. Darüber hinaus verfälschen sich die Botschaften im Laufe der Weitergabe tendenziell in eine negative, aber spannendere und sensationellere Richtung — menschlich verständlich.

Dieser Stille-Post-Effekt führt dazu, dass wir täglich eine Menge Dinge zu hören bekommen — ganz offiziell oder auch im Vertrauen

—, die mit der Wahrheit (was immer diese sein mag) wenig bis nichts zu tun haben. Das allein wäre noch nicht problematisch und dramaerhöhend. Das Problem in diesem Zusammenhang ist, dass wir diesen Nachrichten häufig Glauben schenken — trotz unserer Kenntnisse des Stille-Post-Phänomens —, zumindest so viel, dass wir sie weitererzählen, zumindest die „interessanten".

Durch die selektive Weitergabe und die Verfälschungen eignen sich Nachrichten dieser Art natürlich hervorragend, um neue Dramen zu starten oder bestehende mit neuer Energie zu versorgen.

Keine besseren Dramen in Sicht

Viele Dramen entstehen, weil es gerade kein anderes, größeres und attraktiveres Drama gibt, das Energie beansprucht und absaugt oder geht unter. Das größere, attraktivere Drama lässt kleinere Dramen gar nicht entstehen und hält sie so klein, dass sie wenig Chancen haben, die nötige Aufmerksamkeit und damit Energie zu erhalten.

So machen sich Menschen, die sich in einem Kriegsgebiet befinden, vermutlich keinerlei Gedanken darüber, ob sie wieder ein Kilo zugenommen haben oder dass die Nachbarin ein Kleid trägt, das vollkommen unangemessen ist.

Das heißt auch, unter den Dramen gibt es Konkurrenz um die begrenzten Ressourcen. Kleine, potenziell unbedeutendere Dramen können nur dann entstehen und wachsen, wenn es gerade keine anderen, größeren gibt. So gesehen kann es uns als Gesellschaft nicht so schlecht gehen — denke ich zumindest immer wieder — wenn wir uns mit so manchen Themen beschäftigen, die unterstützt durch die Medien zu beachtlich großen Dramen heranwachsen konnten. „Echt jetzt? Das ist tatsächlich ein Thema für die Titelseite? DAS ist gerade das Wichtigste vom Tag?“ Man könnte das so gesehen als gutes Zeichen deuten.

Auch umgekehrt betrachtet gibt es daran noch einen interessanten Aspekt: Es werden ganz bewusst und gezielt oder auch unbewusst automatisch Dramen initiiert, um von anderen Dramen abzulenken. Das geschieht sehr häufig, wenn Menschen mit inneren Dramen zu kämpfen haben. Sie starten dann häufig äußere Dramen, um andere, vor allem aber sich selbst von den inneren Dramen abzulenken. Eine Strategie, die kurzfristig durchaus funktionieren kann, es aber auch mit sich bringt, dass man ständig für Nachschub bei äußeren Dramen sorgen muss.

Doch nicht nur auf persönlicher Ebene gibt es diese Strategie der Ablenkung von Dramen durch andere Dramen. Auch im ganz großen Stil, auf der großen Bühne vor den Augen der gesamten Welt wird dieses Spiel gespielt. So können ganze Länder bzw. deren Regierungen die eigene Bevölkerung oder auch die ganze Welt von inneren Dramen ablenken, indem sie äußere starten.

Genau das ist auch die Story eines passend zu unserem Thema sehr sehenswerten Films: „Wag the Dog“. Darin inszenieren die USA einen Krieg, um von inneren Problemen, Skandalen und Dramen abzulenken. Es ist nicht einmal ein echter Krieg, sondern ein samt dem Feind erfundener. Eine Story, die sehr nah an der Realität ist bzw. von dieser inzwischen übertroffen wurde.

Mediale Übertreibung

Ein weiterer Grund für das häufige Auftreten von Dramen aller Art, doch leider nicht der unwichtigste hat mit der Zunahme der Verbreitung und Macht der Medien zu tun. Und damit meine ich nicht nur die klassischen Medien wie Fernsehen, Radio oder Zeitungen und Zeitschriften. Diese tragen ihren Teil zur Entstehung und dem Wachstum von Dramen bei, sind aber nicht mehr der einzig ernstzunehmende Mitspieler.

Durch die Ausbreitung der digitalen und vor allem Sozialen Medien hat die Dramatisierung der Welt deutlich zugenommen. Wo es vorher eine überschaubare Anzahl von Mitspielern gab, die über ihre Beiträge und Informationen Menschen im kleineren oder größeren Stil beeinflussen konnten, sind es jetzt Milliarden. Sprichwörtlich jeder, der einen Internetzugang hat, kann einen Medienkanal betreiben. Ob das auf Facebook, Instagram oder einem anderen sozialen Medium ist oder aber über einen Blog oder Podcast stattfindet, ist nicht so wichtig.

Und selbst die, die keinen eigenen Kanal betreiben, können einfach die Kanäle der anderen nutzen und dort ihre Kommentare und Meinungen einer breiten Zielgruppe kundtun. Und das können bei zahlreichen Posts, die viral gehen — das können über Nacht auch

Millionen sein. Und dieses unglaublich riesige und wahnsinnig stark vernetzte mediale Gebilde trägt auf mehrere Arten zu unserem Thema bei.

Einerseits entstehen manche Dramen erst durch die Möglichkeiten, die vor allem auch die digitalen Medien bieten. „Was, der fährt einen Porsche? Wie kann der sich so einen Wagen leisten?“ „Und ich nicht ...“, schwingt unausgesprochen mit. Und schon fühlt man sich ein Stück kleiner, unbedeutender und frustriert aufgrund der eigenen Unfähigkeit, ausreichend Geld zu verdienen, um sich auch ein standesgemäßes Fahrzeug kaufen zu können. So werden viele Vergleiche durch die Sozialen Medien überhaupt erst möglich. Woher wüssten Sie sonst, wer welches Auto fährt, wenn man nicht gerade um die Ecke wohnt.

Etliche vollkommen neue Kategorien, in denen man sich mit anderen vergleichen könnte, sind dadurch überhaupt erst entstanden. Unsere Großeltern hatten keine versauten Tage oder schlaflosen Nächte, weil ein Post nur 2 Likes erhalten hat, während jener des Nachbarn 200-mal den Daumen nach oben gezeigt bekommen hat. Und die Frage „Wie viele Follower hast du auf Instagram?“, hätte nur absolut verständnislose Blicke als Antwort geerntet. Viele Dramen können überhaupt nur deshalb entstehen, weil es Soziale Medien gibt.

Doch nicht nur die Entstehung von oft ganz kleinen persönlichen Dramen werden durch die modernen medialen Möglichkeiten begünstigt, sondern manchmal wird auch das Wachstum sehr großer, gesellschaftlicher und weltweiter Dramen durch die Medien, vor allem die digitalen, stark forciert. Corona wäre in den Köpfen der Menschen vor 20 Jahren vermutlich noch eine neue Variante der Grippe geblieben (auch wenn das medizinisch nicht korrekt sein mag) und hätte keine Chance gehabt, sich zu dem weltumspannenden Drama zu entwickeln, das einen Schaden angerichtet hat, den wir wahrscheinlich erst in einem Jahrzehnt oder mehr in seinem vollen Ausmaß erfassen und begreifen können — wenn wir das überhaupt wollen.

Und dabei spreche ich nicht von dem Virus. Das ist einfach nur ein Virus. Ich meine das Drama, das daraus entstanden ist und dessen Auswirkungen in Summe vermutlich sehr viel desaströser waren und sind als die rein medizinisch, viralen.

Und diese enorm starke Auswirkung der mehr und mehr digitalen Medien auf die Entstehung und das Wachstum von Dramen liegt im Funktionsmechanismus, im Algorithmus, der sich von selbst innerhalb der medialen Welt gebildet hat. Es geht nicht (mehr) um Fakten oder gar um die Wahrheit (so es um diese überhaupt je ging), sondern nur um Klicks, Likes, Kommentare und Reichweite. Ein Beitrag ist dann gut, wenn er viel Interaktion und eine große Reichweite erzielt.

Ein Journalist ist unter diesen neuen medialen Rahmenbedingungen dann gut, wenn er solcherart gute Beiträge verfasst. Die Wahrheit?

Fakten? Haben vielleicht eine gewisse Bedeutung, aber definitiv eine nachrangige. Wenn es um die Wahl zwischen einem erfolgreichen Beitrag und einem wahren Beitrag geht, wählen selbst professionelle Journalisten immer öfter die des Erfolgs. Das ist auch absolut verständlich, da sie permanent im Wettbewerb stehen und an dem Erfolg ihrer Beiträge gemessen werden. Dazu kommt noch, dass die Wahrheit immer schon ein dehnbarer Begriff war und mit den aktuellen technischen Möglichkeiten (die zum Beispiel KI-Software bietet) oft gar nicht mehr zu ergründen und definieren ist.

Solltest du Journalist sein und zu der nach meinem Gefühl schrumpfenden Gruppe derer gehören, die sich durch Klicks und Likes nicht korrumpieren lassen, dann ziehe ich meinen Hut, weil ich weiß, wie schwer das ist und entschuldige mich in aller Form bei dir, wenn ich dich ggfs. in einen Topf mit den anderen geworfen habe. Doch auch diese will ich nicht verurteilen, schließlich würde auch das das Drama schüren. Ich will nur ein paar der Funktionsmechanismen offenlegen, die die mediale Landschaft und damit die Welt steuern und bewegen.

Und — und damit schließt sich der Kreis — Beiträge und Meldungen, die einem der kursierenden Dramen Energie zuführen oder das Potenzial haben, ein neues zu starten, bekommen meist sehr viel mehr Aufmerksamkeit seitens der Medienkonsumenten als andere. Negative Nachrichten wurden immer schon besser verkauft und durch die digitalen Medien wurde gewissermaßen der Turbo eingeschaltet.

Und wenn selbst professionelle Journalisten in ihrem Verhalten derart beeinflusst und gesteuert werden, was ist dann erst mit den Millionen und Abermillionen von kleinen oder privaten Medienkanälen auf den Sozialen Medien?

Doch mir geht es in diesem Buch nicht darum, ein medienkritisches Drama zu starten. Ich will an dieser Stelle nur erklären, wie und warum die Medien mehr denn je zur Entstehung, Verstärkung und Verbreitung ganz kleiner und ganz großer Dramen beitragen.

Absichtliche Inszenierung

Das Kapitel über die Gründe für die Entstehung von Dramen möchte ich noch mit einem sehr speziellen, aber nicht zu unterschätzenden Grund abschließen. Alle bisherigen Gründe für Dramen beruhen auf normalem — wenn auch nicht erstrebenswertem —, menschlichem Verhalten, unserer Unachtsamkeit oder unserer Dummheit.

All das ist verständlich und durchaus entschuldbar. Wenn es nicht entschuldbar wäre, und wenn wir das den Menschen bzw. uns selbst vorwerfen würden, würde auch das wieder eine solide Grundlage für die Entstehung eines neuen Dramas darstellen. Man könnte auch sagen, dass aus all diesen Gründen normalerweise Dramen entstehen, die kaum jemand will, kaum jemand wollen kann, wenn er oder sie genauer darüber nachdenkt.

Eine eigene Kategorie unter den Dramen stellen jene dar, die absichtlich und gezielt inszeniert werden. Das können kleine sein, zwischenmenschliche oder auch ganz große, weltumspannende — auch auf die Gefahr hin jetzt als Verschwörungstheoretiker abgestempelt zu werden, aber immer häufiger sind in diesem Bereich in den letzten Jahren große Dramen zu beobachten, die den Anschein erwecken, absichtlich inszeniert und beständig mit frischer Energie versorgt zu werden.

Die Beispiele dafür sind allgegenwärtig, es sind ganz schlicht die großen Themen, die teilweise über Monate und Jahre hinweg die Welt bewegen — zumindest die mediale. Das Corona-Drama haben wir weitgehend hinter uns gebracht. Diesem fließt nur noch wenig Energie zu und dementsprechend schwach ist es geworden. Es gibt zwar immer wieder Versuche, es erneut zum Leben zu erwecken, aber ob diese von Erfolg gekrönt sein werden, bleibt abzuwarten. Die Konkurrenz ist stark und schläft nicht.

Da gibt es zum Beispiel das Diesel-Drama gefolgt vom Verbrennungsmotor-Drama, eng verknüpft mit dem E-Mobilitäts-Drama und dem Gasheizungs-Drama, mündend in das allumspannende CO2- und Klimaschutzdrama. Begleitet wird das Ganze noch vom Klimakleberdrama, nicht zu vergessen, das medial natürlich wahnsinnig viel hergibt.

Falls dir das noch nicht reichen sollte, gibt es da natürlich noch das LGBTQ-Drama eng verbunden mit dem Gender-Drama, das Russland-Putin-Drama verknüpft mit dem Ukraine-Drama oder auch dem Flüchtlingsdrama. Die Auswahl ist größer denn je. Da ist für jeden Geschmack etwas dabei und auch für jeden Intensitätsgrad. Je nachdem, wie viel Energie du dem Drama deiner Wahl spenden willst, kannst du es einfach nur beobachten und mitverfolgen oder auch laut protestierend auf die Straße gehen.

Dabei geht es mir an dieser Stelle nicht darum, einen Standpunkt dafür oder dagegen einzunehmen. Schließlich haben jeweils beide Lager, die Befürworter und die Gegner, ihre eigenen Dramen in die Welt gesetzt. Und diese tun, was Dramen eben tun: Sie versuchen, Aufmerksamkeit und Anhänger zu gewinnen und so mit immer neuer Energie versorgt zu werden — und diese fließt in Strömen mit jedem Aufruf eines Videos, mit jedem Klick und jedem Kommentar oder mit jeder Diskussion im Freundes- oder Familienkreis.

Es geht mir auch gar nicht darum, irgendetwas klein oder schön zu reden bzw. zu schreiben. Die Sache selbst ist wie sie ist. Indem wir Dramen daraus erwachsen lassen, bauschen wir diese Themen zu Dimensionen auf, die uns letztlich den Blick auf die Sache selbst vernebeln und es uns noch schwerer bis unmöglich machen, diese einigermaßen objektiv wahrzunehmen.

Zurück zur Inszenierung, wissend dass ich mich da auf verhältnismäßig dünnes Eis begebe. Doch bin ich der Meinung bzw. Hoffnung, nicht allzu verschwörungstheoretisch zu klingen, wenn ich behaupte, dass die erwähnten großen, gesellschaftlichen Dramen ganz bewusst, gezielt und mit voller Absicht groß gemacht und am Laufen erhalten werden.

Warum das jemand tun sollte? Eine berechtigte Frage. Die Antwort ist immer dieselbe und hat so etwas wie Allgemeingültigkeit: Weil er, sie, die Organisation oder gewisse Interessensgruppen davon profitieren, mehr Geld und / oder mehr Macht gewinnen. Im Zuge eines dermaßen allgegenwärtigen Dramas ist es verhältnismäßig einfach, durch die Hintertür das eine oder andere durch- oder umzusetzen, was ohne Schützenhilfe durch das Drama deutlich schwieriger oder sogar unmöglich gewesen wäre.

Nochmals, es geht mir in diesem Buch nicht primär um gesellschafts- oder medienkritische Themen. Ganz im Gegenteil, möchte ich mich vor allem auf die inneren und zwischenmenschlichen Dramen konzentrieren. Wenn wir allerdings die aktuelle Dramenlandschaft betrachten, dann können die großen Dramen, die uns tagtäglich bewegen und gesamtheitlich betrachtet einen riesigen Anteil unserer Energie aufsaugen, nicht unerwähnt bleiben.

Die Gründe für Dramen im Überblick

Da die Gründe, die die Entstehung von Dramen verursachen und deren Entwicklung begünstigen, so vielfältig sind, ist hier nochmals ein kurzer Überblick:

- Zu wenig Bewusstheit
- Zu viel Bedeutung
- Die Krux mit dem Vergleichen
- Wir (ver-)urteilen ständig

- Die Unfähigkeit, loszulassen
- Brauchen statt nur wollen
- Widerstand leisten
- Erwartungen hegen
- Verallgemeinern
- Zu viel Zeit
- Glauben, was wir denken
- Das Stille-Post-Phänomen
- Keine besseren Dramen in Sicht
- Mediale Übertreibung
- Absichtliche Inszenierung

Wie dir vielleicht während des Lesens bereits aufgefallen ist, hängen manche dieser Gründe eng zusammen, überschneiden sich und beeinflussen sich gegenseitig. So kann etwa ein Beitrag einer Tageszeitung etwas in dir anstoßen, der ein verschüttetes inneres Drama wieder ans Tageslicht zerrt und zu neuem Leben erweckt. Wir vergleichen auch nicht nur oder generalisieren „stand alone", sondern machen vieles davon gleichzeitig. Wir vergleichen, verallgemeinern, stellen hohe Erwartungen an andere, haften an Bestehendem fest, ohne dass uns das auffallen würde — und all das ist miteinander vernetzt.

Insgesamt betrachtet gibt es sehr viel mehr Möglichkeiten, dass Dramen entstehen, als es Situationen gibt, die vermutlich keine hervorbringen. Wir leben in einer (potenziell) dramatischen Welt. Wir werden beständig mit Dramaeinladungen bombardiert, von innen und von außen, auf allen Kanälen. Und selbst bei allergrößter Vorsicht und Achtsamkeit ist es so gut wie unmöglich, keiner dieser Einladungen Folge zu leisten. So gesehen ist es kein Wunder, dass wir von so vielen Dramen umgeben sind.

Wenn dir noch andere Gründe einfallen, die auf dieser Liste nicht erscheinen, so kann das gut sein. Die Liste erhebt keinen Anspruch auf Vollständigkeit. Sie deckt allerdings — meiner Ansicht nach — die häufigsten und wichtigsten Gründe ab.

Doch auch, wenn wir es nicht schaffen sollten, alle Dramen aus unserem Leben zu verbannen, sind die Chancen sehr gut, die Menge und das Ausmaß der Dramen zumindest deutlich zu reduzieren. Jedes Drama, das nicht entsteht oder sich auflöst, ist schließlich ein gutes Drama.

Um uns diesem Ziel zu nähern, werden wir uns im folgenden Abschnitt sehr viel genauer mit den Arten von Dramen und den Dramatypen beschäftigen, um uns dann im letzten, dem dritten Teil des Buches, den Methoden und Strategien zuzuwenden, die dir helfen, Dramen aufzulösen oder deren Entstehung von vorneherein zu verhindern.

Teil 2

KATEGORIEN VON DRAMEN

Wir haben im Bisherigen die grundlegenden Arten von Dramen bereits erwähnt. Jetzt wollen wir uns diese eingehender betrachten. Es gibt drei davon, die sich durch Ort und Größe unterscheiden:

- die inneren Dramen,
- die äußeren, zwischenmenschlichen Dramen und
- die gesellschaftlichen Dramen.

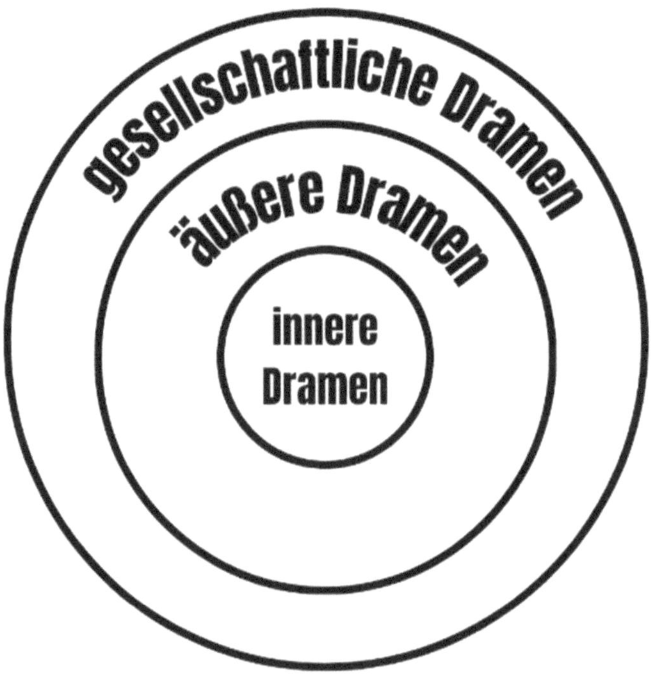

Die Anordnung dieser drei Typen von Dramen ist nicht zufällig gewählt. Die inneren Dramen sind die Grundlage oder auch der Kern, der Ausgangspunkt für alle anderen Arten von Dramen. Ohne innere Dramen würden keinerlei äußere Dramen existieren.

Die zwischenmenschlichen Dramen sind den gesellschaftlichen nicht unähnlich. Der Unterschied ist vor allem der, dass es bei den gesellschaftlichen um die großen Themen geht. Naturgemäß haben gesellschaftliche Dramen sehr viel mehr Wachstumspotenzial. Ein Drama, das sich zwischen einem Chef und seinem Mitarbeiter oder auch zwischen Ehepartnern abspielt, wird vermutlich niemals so viele Anhänger gewinnen können, um es auf die gesellschaftliche Ebene zu schaffen. Ein Thema wie Corona oder Klimaschutz, wie wir sehen, sehr wohl.

Innere Dramen

Wir brauchen niemand anderen, um Dramen ins Leben zu rufen, zu nähren und wachsen zu lassen. Das schaffen wir, wie sich zeigt, auch sehr gut allein. Nur wir mit uns selbst — wenngleich es uns mit Hilfe von gewissen Rahmenbedingungen, äußeren Umständen oder anderen Menschen leichter und rascher gelingt ein ordentliches, ansehnliches Drama aufzubauen.

Wir können zum Beispiel Vergleiche mit unseren eigenen Vorstellungen oder noch besser Erwartungen anstellen. Wir nehmen uns etwas vor und dann gelingt uns das nicht. Schon wieder nicht. Das ist auch keine Frage des Alters. Kinder lernen das relativ rasch und relativ früh. Mit ein paar Monaten könnte man den Babys noch vollkommene Dramafreiheit unterstellen, auch wenn sie schreien.

Doch 3 oder 4 Jahre später kenne ich keine Eltern, die so etwas von Ihren Sprösslingen — und mögen sie noch so brav und wohlerzogen sein — wagen würden zu behaupten. Im Gegensatz zu uns Erwachsenen haben Kinder auch sehr viel weniger Hemmungen — eigentlich überhaupt keine — ihre inneren Dramen nach außen zu kehren und alle anderen daran teilhaben zu lassen.

Erst einmal erwachsen geworden tun wir das weniger bzw. weniger häufig, wenngleich die Dramen nicht unbedingt kleiner oder seltener geworden sind. Ärgert sich ein Kind vielleicht noch, weil es sein Lieblingsspielzeug nicht findet, das es vermutlich selbst verlegt hat, so sind es bei den Erwachsenen andere Themen, die vorherrschen.

Das kann so etwas Banales sein wie die Torte, die nicht ganz so (oder auch ganz und gar nicht so) aussieht wie auf dem Foto im Rezeptbuch. Wollte man diese doch der ohnehin über die Maße kritischen Schwiegermutter vorsetzen, die zu Besuch kommt. Das Drama beginnt nicht erst bei Ankunft der Schwiegermutter oder dem Moment, in dem sie die unperfekte Torte sieht, sondern schon lange vorher. Es beginnt auch nicht erst wenn die Torte aus dem Backrohr genommen wird und man mit Entsetzen feststellt, dass sie in sich zusammengefallen ist wie ein Schneemann im April. Das eigentliche Drama beginnt vermutlich in dem Moment, wo man vom Besuch der Schwiegermutter erfährt, und beschließt, sie diesmal zu beeindrucken — mit einer perfekten Torte. Dabei wird eine Erwartungshaltung an die Torte aufgebaut, von der jeder, der bäckt weiß, dass die Wahrscheinlichkeit, enttäuscht zu werden, nicht unerheblich ist. Du siehst also, dafür braucht es zu Beginn keine Schwiegermutter und auch noch keine Torte. Es reicht ein Gedanke.

Wie man an dem Beispiel bereits sehen bzw. vermuten kann, wird dieses innere Drama nicht im Innen bleiben. Was wenn die Schwiegermutter kommt und diesen Schandfleck von einer Torte tatsächlich vorgesetzt bekommt und — wie könnte es anders sein — sie kritisch mustert. „Du, wenn du einmal ein gutes Rezept für eine Torte brauchst (vielleicht noch mit einer gewissen Betonung auf dem Wörtchen „gut"), ich habe da eines. Ich gebe es dir gerne", könnte ihr Kommentar lauten. Oder auch wenn sie noch direkter ist: „Mmmh, die schmeckt ja besser als sie aussieht."

Innere Dramen haben oft externe Auslöser, wahrscheinlich letztlich immer, und haben die Tendenz, sich nach außen auszubreiten. Das hängt mit der Natur der Dramen zusammen. Im Außen gibt es Anhänger und Aufmerksamkeit zu gewinnen und dadurch noch sehr viel mehr Energie zu holen als nur im Innen. Und doch können sie eine Zeit lang im Innen schwelen und heranreifen und bis zu einer Größe anwachsen, die das Innere sprengt.

Das muss aber nicht so sein. Es gibt jede Menge Dramen, die wir sehr lange mit uns alleine spielen können, für die wir niemand anderen benötigen. Ein paar Beispiele aus der Top-100-Liste gefällig?

- Das „Ich bin nicht gut genug für ..."-Drama
- Das „Ich schaffe das nicht"-Drama
- Das „Ich bin fett"-Drama

- Das „Keiner mag mich“-Drama
- Das „Warum immer ich?“-Drama

Dass das mit dem Drama ganz für und mit uns selbst so gut funktioniert, hat mit einem der vorhin beschriebenen Auslöser und Verstärker für Dramen zu tun, unserem Gehirn, das permanent irgendwelche Gedanken produziert, wovon ein guter Teil exzellente Dramaeinladungen darstellt.

Das Drama zum Quadrat

Wenn du dich nun mit diesem Thema beschäftigst und zum Beispiel ein Buch wie dieses liest, wird dein Leben zwar noch nicht unmittelbar dramafreier, aber immerhin nimmst du all die Dramen stärker wahr — innen wie außen. Das alleine kann dazu führen, dass manche Dramen verschwinden oder zumindest schwächer werden. Diese Art bewusster Aufmerksamkeit mögen Dramen gar nicht. Sie scheuen sie sogar, wie der sprichwörtliche Teufel das Weihwasser.

Gleichzeitig können dadurch auch vollkommen neue Dramen entstehen. Zum Beispiel könntest du feststellen, dass du gerade ziemlich viele Dramen laufen hast, so viele, dass dieses neue Bild von dir selbst so gar nicht zu dem Wunschbild bzw. deinen Erwartungen an dich passt. Und dann könntest du zum Schluss kommen: „Oh Gott, was bin ich doch für eine Dramaqueen — oder wahlweise auch Dramajoe.“ Und schon ist ein brandneues Drama entstanden. Ein sogenanntes Metadrama. Du machst ein Drama daraus, dass du jemand bist, der Dramen in die Welt bringt und nährt. Drama zum Quadrat könnte man das nennen.

Und diese Art Dramen sind um nichts besser als die anderen, wenngleich sie zumindest ein Signal dafür sind, dass du dich auf den Weg gemacht hast und schon ein Stück weitergekommen bist. Jene, die das nicht getan haben, können diese Art Dramen nicht hervorbringen. Was sie nicht wissen, kann sie schließlich nicht heiß machen.

Ohne innere Dramen keine äußeren Dramen

Aus dem Geschriebenen ist dir vermutlich Folgendes bereits klar geworden: Ohne innere Dramen gibt es keine äußeren — weder die kleineren, zwischenmenschlichen noch die größeren und ganz großen gesellschaftlichen.

Wahrhaft dramafreie Menschen — so es solche geben kann — könnten niemals mit anderen streiten oder gar Kriege führen. Sie könnten keine Dramen nach außen tragen, die es im Innen nicht gibt. Wenn wir daher die Menge und das Ausmaß der Dramen auf der Welt in welcher Form auch immer reduzieren wollen, wenn du das für deine, eigene Welt erreichen willst, dann gibt es vor allem einen einzigen Punkt, an dem es anzusetzen gilt: an deinen inneren Dramen.

Wir tendieren dazu, die Schuld und daher auch die Lösung für Dramen im Außen, bei den anderen zu suchen, statt bei uns selbst, wo sich der eigentliche Ursprung befindet. Doch die Schuld im Außen zu suchen ist auch wieder ein Weg, der schnurstracks zu den nächsten Dramen führt.

„Was ich soll an all den Dramen in meinem Leben Schuld sein?" Klingt das zu vorwurfsvoll für dich? Das kann ich gut nachvollziehen. Doch das ist eigentlich eine gute Nachricht. Warum? Wenn die anderen schuld sind, dann müsstest du die anderen ändern, um dein Leben dramafreier zu gestalten. Das ist theoretisch zwar denkbar, aber praktisch meist so gut wie unmöglich, wie du vielleicht aus eigener leidvoller Erfahrung bereits weißt. Wenn du selbst für die Dramen verantwortlich bist, dann musst du „nur" dich selbst ändern. Auch das ist, wie du vermutlich ebenso aus eigener Erfahrung weißt, meist schwer genug — aber möglich. Immerhin bist du permanent sehr nah an dir dran und bekommst zumindest einiges von dem was läuft mit.

Dieses Thema der eigenen Verantwortung wird uns im letzten Teil des Buches, in dem es um die Auflösung der Dramen geht, noch intensiver beschäftigen. Ich habe es an dieser Stelle hier schon einmal erwähnt, auch um dir Zeit zu geben, dich an den Gedanken zu gewöhnen, ein wenig zumindest. Und wenn du jetzt meinst, das hättest du schon, dann warte erst einmal ab. Es könnte durchaus sein, dass du deine Meinung im letzten Teil nochmal revidieren musst, weil du feststellst, dass du den Gedanken vielleicht noch nicht ganz bis zum Ende durchgedacht hast. Da habe ich noch etwas für dich, das weit tiefer geht als das relativ oberflächliche, rasch dahingesagte Verantwortung übernehmen.

Zwischenmenschliche Dramen

Wenn ein inneres Drama dann so weit ist und genug Kraft und Energie gesammelt hat, dann ist es an der Zeit, dass es nach außen dringt. Schließlich gibt es da noch sehr viel mehr Energie. Nicht nur deine eigene, sondern vor allem auch die vieler anderer, die du für dein Drama gewinnen und vereinnahmen könntest. In den Sozialen Medien würde man sie als Fans oder Follower bezeichnen. Und wie in den Sozialen Medien ist es auch das Ziel eines Dramas, eine möglichst große Anhängerschaft um sich zu scharen.

So könnte eine Mutter finden, dass ihr Sohnemann von der Mathelehrerin ungerecht behandelt wird. Immer (man bemerke die Generalisierung) wird er an die Tafel geholt und dort mit Aufgaben traktiert, die viel zu schwierig sind und so vor der ganzen Klasse bloßgestellt. Zuerst brodelt es in ihrem Inneren, aber nachdem sie verheiratet ist, ist ihr Mann die erste Anlaufstelle im Außen. Sie erzählt ihm alles und bemüht sich, ihn als ersten Anhänger zu gewinnen.

Er meint zwar, dass es nun einmal so ist, dass Schüler an die Tafel geholt werden, um Aufgaben zu lösen und kann sich nicht vorstellen, dass das IMMER sein Sohn ist, aber um des häuslichen Friedens willen, wählt er den einfacheren Weg und stimmt seiner Frau zu. Außerdem hat er die Mathelehrerin am letzten Elternsprechtag kennengelernt und hat sie nicht nur als attraktive, sondern auch vernünftige Frau in Erinnerung, der er es nicht zutrauen würde, Kinder böswillig öffentlich bloßzustellen. Wie dem auch sei, das Drama hat so zumindest ein bisschen Energie erhalten und konnte auf diese Weise ein wenig Fahrt aufnehmen.

Und wenn er sich widersetzt und die Lehrerin verteidigt hätte? Sie können sich vermutlich vorstellen, was geschehen wäre. Es könnte gut sein, dass ein weiteres Drama entstanden wäre, das „Weshalb verteidigst du diese Frau überhaupt, gefällt sie dir“-Drama.

Dem Drama ist es egal, woher die Energie kommt. Es nimmt jene der Fans und Follower, jene die zustimmen und unterstützen, genauso gerne wie die Menschen, die das Gegenteil behaupten und Widerstand leisten. Wie das Beispiel zeigt, fließt dem Drama aus dem Widerstand oft viel schneller und sehr viel mehr Energie zu. Das bedeutet aber auch, dass der Mann in eine Situation manövriert wurde, in der das Drama fast nur gewinnen konnte.

Wie geht es weiter? Nachdem ihr von ihrem Mann der Rücken gestärkt wurde, ein wenig zumindest, nimmt die Mutter mit anderen, befreundeten Müttern der Klassenkameraden ihres Sohnes Kontakt auf. Zuerst nur ganz informell und beiläufig natürlich. Wie man das eben so tut, wenn man andere für sich gewinnen will. Man fällt nicht gleich mit der Tür ins Haus, sondern sucht zuerst nur nach kleinen Anknüpfungspunkten und dem einen oder anderen gemeinsamen Nenner.

Nach einigen Gesprächen beim Kaffee oder beim Warten vor der Schule bis die Sprösslinge herauskommen, finden sich zwei oder drei andere Mütter, die ihr zustimmen, weil sie in Bezug auf ihre Kinder schon seit geraumer Zeit Ähnliches vermuten oder einfach nicht widersprechen wollen. Man ist sich einig: Diese Lehrerin verlangt eindeutig zu viel. Schließlich ist das eine Grundschule und keine Universität, an der der Sprössling ein Mathematikstudium absolviert. Vielleicht fällt es ihnen unter anderem deshalb so leicht, am selben Strang zu ziehen, weil sie sich lebhaft an traumatische Erlebnisse im Matheunterricht aus ihrer eigenen Schulzeit erinnern.

Wohin führt das? Zu einer offenen Konfrontation mit der Lehrerin, einer Beschwerde beim Direktor, einer Diskussion und Abstimmung im Elterngremium. Wir wissen es nicht. Doch egal wohin es führt, alle genannten Szenarien nähren das Drama, das inzwischen nach außen verlagert wurde, auf das nächste Level aufgestiegen und ein zwischenmenschliches Drama geworden ist.

Das Einzige, was wir einigermaßen sicher wissen, ist: Der Sohn wurde von der Mathematiklehrerin zur Tafel geholt, um eine Aufgabe zu lösen und hat das offenbar nicht (ganz) geschafft. Nicht mehr und nicht weniger.

Die Brutplätze zwischenmenschlicher Dramen

Zwischenmenschliche Dramen gedeihen vor allen an jenen Orten besonders gut, an denen sich zwei oder mehrere Menschen —

emotional oft dicht gedrängt — befinden. Vermutlich wird es dich nicht weiter überraschen, wenn ich behaupte, das sind vor allem:

- die Zweierbeziehung,
- der Familienkreis,
- der Freundeskreis,
- die Schule oder der Kindergarten,
- die Arbeitsstätte,
- der Verein oder Club und
- die öffentlichen Verkehrsmittel.

Man könnte auch bestimmten Situationen eine erhöhte zwischenmenschliche Dramagefahr konstatieren, wie zum Beispiel:

- Familienfeste wie Weihnachten (sehr gefährlich, soweit es Dramen betrifft),
- Urlaube,
- Meetings und Firmenveranstaltungen,
- Staus im Verkehr, an Skiliften, an Supermarktkassen und
- Parties und Events.

Dabei ist es gar nicht primär eine Frage der Menge der Menschen, sondern es kommt vielmehr auf die Situation an, auf das Verhältnis der potenziell Beteiligten zueinander und auf die emotionale Dichte. In einem Fußballstadium können sich zwar auch Dramen abspielen, vor allem, wenn die Heimmannschaft verliert, doch das ist nichts gegen die Dramaenergie, die sich bei einem Weihnachtsfest im vergrößerten Familienkreis aufbauen und entladen kann.

Ein Vorgriff auf die Strategien zur Reduktion der Dramen könnte etwa an dieser Stelle bereits sein, solche Gruppierungen und Situationen so gut wie das eben geht zu meiden. Nun ist mir aber klar, dass das eben oft schwer bis nicht möglich ist. Doch in diesen Situationen sich der Gefahr bewusst und einigermaßen achtsam zu sein, ist keinesfalls eine schlechte Idee.

Gesellschaftliche Dramen

Die Königsklasse der Dramen, gemessen am Level an Energie, sind sicher die gesellschaftlichen, landesweiten und manchmal sogar weltweiten Dramen. Die aktuell bedeutendsten (je nachdem, wann du dieses Buch liest, können da welche abgeflaut und neue hinzugekommen sein) sind vermutlich die Dramen rund um folgende Themen — und zwar jeweils jene Dramen, die von den Befürwortern und jene, die von den Gegnern vorangetrieben werden:

- Der Klimawandel mit Unterdramen wie
    - Klimaschutz, Erderwärmung, Diesel- bzw. Verbrennungsmotoren ganz generell, Elektromobilität, CO2-Ausstoß, Klimakleber, Bodenversiegelung
- Energie (eng verknüpft mit dem Klimawandel)
    - Atomkraft, Kohlekraftwerke, Gasversorgung, Heizung (Erdwärmeheizungen im Speziellen)
- Corona
    - Impfung und Impfpflicht, Maskenpflicht, Lockdown

- Der Ukraine-Krieg
    - Neutralität, Waffenlieferungen, Unterstützung
- Putin und Russland
- Flüchtlinge und Zuwanderung
- Rechtsruck und Linksruck
- LGBTQ und Gendern

Damit sind die Kanäle der Medien aktuell gut versorgt und gefüllt.

Diese Kategorie von Dramen hat deshalb so eine große Bedeutung, weil sie es ausgezeichnet schaffen, die Menschen jeweils in Gegner und Befürworter zu unterteilen — egal worum es geht. Es finden sich auf jeder Seite weltweit Millionen, bei manchen Themen Milliarden Menschen, die sich mehr oder weniger intensiv am Drama beteiligen und somit Energie zuführen. Und durch diese riesige Menge an Menschen entsteht natürlich eine riesige Menge an Energie, selbst wenn jeder nur ein wenig hergeben würde. Doch gerade diese Themen veranlassen manche eingefleischten Befürworter oder Gegner nicht nur ein wenig, sondern richtig viel Energie einfließen zu lassen.

Manche gehen so weit — wie die Klimakleber etwa — ihr Leben komplett auf dieses Drama hin auszurichten, sogar diesem Drama zu widmen. Kein Wunder also, dass manche dieser Themen so groß geworden sind, wie sie sind. Erstaunlich dabei ist, dass es teilweise winzige Gruppierungen — ich spreche von weit unter 1 % der Bevölkerung — es schaffen, so große und bedeutende Dramen zu entwickeln und über einen beachtlichen Zeitraum am Leben zu erhalten. Man darf dabei schließlich nicht vergessen, dass so große Dramen auch permanent richtig viel Energie benötigen. Ohne diese würden sie rasch in sich zusammenfallen und sich auflösen. Ein Drama kann mit allem Möglichen gut umgehen, nur mit einem nicht: mit Nicht-Beachtung.

Dabei dürfen wir nicht vergessen — und das macht die Dimension so mancher dieser Dramen umso erstaunlicher — dass auch diese großen, teilweise weltumspannenden Dramen ihren Ursprung in den inneren Dramen vieler Tausend oder Millionen Menschen haben. Auch hier gilt natürlich: Ohne innere Dramen keine äußeren Dramen. Der Unterschied zu den kleineren zwischenmenschlichen Dramen ist allerdings jener, dass sich viele kleine und große Medien gerne von dieser Art Dramen vereinnahmen lassen, für die unterschiedlichen Ansichten, was den Matheunterricht angeht, hingegen wird sich maximal das Bezirksblatt engagieren, wenn überhaupt. Ohne diese massive mediale Unterstützung wäre ein Anwachsen dieser Dramen zu solchen Dimensionen und in der teilweise an den Tag gelegten Geschwindigkeit nicht möglich.

Natürlich spielen bei diesen großen, gesellschaftlichen Dramen Politiker und Führungskräfte aller Arten eine besondere Rolle. Je dramafreier diese im Innen sind, desto dramafreier wird ihr Umfeld, auf das sie einen Einfluss haben, sein. Was würde es für die menschliche Gesellschaft als Ganzes wohl bedeuten, wenn wir weitgehend dramafreie oder zumindest stark dramareduzierte

Führungskräfte und Politiker hätten? Vermutlich gäbe es weniger oder gar keine Kriege mehr. Es gäbe viel mehr miteinander und weniger gegeneinander. Wir könnten die Energie, die jetzt in die großen Dramen fließt, in sehr viel sinnvollere Projekte stecken. Ein Wunschtraum? Vielleicht! Aber ich lasse mir das Träumen nicht nehmen.

Dramatypen

Nachdem der Ursprung aller Dramen im Innen liegt und alle zwischenmenschlichen und gesellschaftlichen Dramen sich aus den inneren Dramen entwickeln, ergibt es sehr viel Sinn, wenn wir uns die Personen genauer ansehen, die diese Dramen verkörpern. Gibt es so etwas wie Dramatypen?

Wie immer, wenn mit Typologien gearbeitet wird, werden Menschen und ihr Verhalten in ihrer Komplexität verringert und insgesamt gesehen vereinfacht. Das bedeutet für unseren Fall, dass die vielen möglichen Varianten von dramatischen Persönlichkeiten auf ein paar wenige reduziert werden. „Gehen uns da nicht viele verloren?" Diese Frage könntest du an dieser Stelle berechtigterweise stellen. Die Antwort lautet: „Nein, es werden keine Varianten weggelassen oder komplett gestrichen, sondern vielmehr werden diese zu bestimmten Typen zusammengefasst. Das vereinfacht es uns, über Arten von dramatischen Persönlichkeitstypen nachzudenken, diese zu erkennen und zuzuordnen. Im letzten Teil des Buches wirst du dann Strategien kennenlernen, wie man mit bestimmten Typen so umgehen kann, dass sich bestehende Dramen abschwächen oder ganz auflösen und neue erst gar nicht entstehen.

Wahrscheinlich wird durch diese vereinfachende Typologisierung ein praktikabler Umgang mit diesem Thema überhaupt erst möglich. 100 verschiedene Dramatypen identifizieren und umsetzbare Vorgehensweisen im Umgang mit jedem einzelnen Typen erarbeiten? Schwer vorstellbar und so gut wie nicht praktisch umsetzbar. 3 Typen erkennen und passende Verhaltensweisen im Umgang mit diesen umsetzen? Auch das ist nicht immer einfach, aber machbar.

Das Dramadreieck

Mutter zum Sohn: „Jetzt mach doch endlich deine Schulaufgaben. Ich habe dir schon hundertmal gesagt, dass du erst dann zum Spielen gehen darfst, wenn du deine Aufgaben erledigt hast."

Sohn: „Die mache ich dann später."

Mutter zum Sohn: „Nicht dann, jetzt!"

Mutter (seufzend) zum Vater: „Jetzt sag du doch auch einmal etwas. Immer bleiben diese Sachen an mir hängen und ich bin dann die Böse."

Vater zum Sohn: „So jetzt reicht es. Handyverbot für eine Woche."

> Sohn zum Vater: „Das ist voll ungerecht. Ich mache meine Hausaufgaben eh noch. Ich hasse dich." Sohn beginnt frustriert zu weinen.
>
> Mutter zum Vater: „Das ist wieder typisch. Du musst immer übertreiben. Das wäre echt nicht notwendig gewesen."
>
> Vater zur Mutter: „Aber du hast doch gesagt, dass ich etwas sagen soll. Das habe ich gemacht."

Kommt dir das bekannt vor? Und wenn nicht aus deinem eigenen, engen Umfeld, dann hast du es vermutlich schon so oder so ähnlich bei anderen erlebt. Was sich hier soeben abgespielt hat, ist: „Drama in Aktion". Nicht nur, dass hier ein Drama entstanden ist, hat es sich auch binnen weniger Sätze weiterentwickelt und hat ganz neue Formen und Dynamiken angenommen. Was da genau geschehen ist, werden wir etwas später gemeinsam analysieren und aufklären. Um das allerdings tun zu können, muss ich dir zuerst noch ein Konzept vorstellen, das dafür sehr hilfreich ist: das Dramadreieck.

Das Dramadreieck wurde von Stephen Karpman entwickelt, wobei ich auch die Beiträge und sehr hilfreichen Erweiterungen von Roman Braun zum Thema einfließen lasse. Es ist ein aus meiner Sicht sehr bewährtes und praktikables Konzept einer Dramatypologie. Es erklärt nicht nur die grundlegenden dramatischen Rollen, sondern auch deren Zusammenspiel und die sich verändernde Entwicklung und Dynamik dieses Zusammenspiels.

Das Dramadreieck ist ein sehr gut geeignetes Erklärungs- und Beschreibungsmodell, um all die täglichen Dramen, die rund um uns und in uns ablaufen, besser zu verstehen. Und wenn wir sie (ein wenig besser) verstehen, dann ist das bereits ein Ansatz zur Veränderung, Verhinderung oder auch Auflösung eines Dramas.

Das Dramadreieck lässt sich auf innere, wie auch auf äußere Dramen bestens anwenden. Es beschreibt die Beziehung von 3 Dramarollen zueinander. Dabei muss eine solche Rolle nicht jeweils von einer Person eingenommen werden. Diese Rollen können auch von Gruppen, von Menschen oder Organisationen besetzt werden. Es braucht auch keine 3 Personen, um alle Positionen im Dramadreieck zu besetzen. Das kannst du zum Beispiel auch ganz allein tun, indem du für die Zwecke deiner inneren Dramen alle drei Personen mit drei unterschiedlichen Persönlichkeitsanteilen in dir besetzt.

Wichtig im Rahmen dieses Modells ist, dass es sich nicht um eine Typologie für Menschen handelt, denen dann fixe Rollenbilder zugeordnet werden. So leicht sind wir und unsere Verhaltensweisen nicht in fixe Rollen zu packen. Vielmehr nehmen wir immer wieder recht unterschiedliche Positionen im Dramadreieck ein. Im vorherigen Beispiel mit Sohn, Mutter und Vater haben die Rollen, die von den einzelnen Mitspielern dieses Dramas eingenommen wurden, binnen weniger Sätze gewechselt.

Wir alle können alle Dramarollen einnehmen und tun das auch laufend und wechselweise. Und wenn wir diese Rollen einnehmen, dann tun wir das in den meisten Fällen unbewusst. Es passiert und wir rutschen situationsbedingt in die Rolle hinein. Etwas ist vorgefallen oder jemand hat etwas gesagt und damit einen Knopf bei uns gedrückt, der uns zum Angreifer mutieren lässt, oft ohne dass wir das in diesem Augenblick mitbekommen.

Allerdings ist zu beobachten, dass Menschen Tendenzen und bevorzugte Dramarollen haben, in denen sie in den unterschiedlichen Situationen oder Stadien eines Dramas am häufigsten schlüpfen. So reagiert die eine Person auf einen Angriff mit Verteidigung, die zweite mit Flucht und die dritte mit einem Gegenangriff.

Dramen bei Schlechtwetter und bei Schönwetter

Das Dramadreieck gibt es unter zwei (potenziell) dramatischen Rahmenbedingungen:

- der Schlechtwetterphase — das Drama in Aktion — und
- der Schönwetterphase — das Drama in Warteposition.

In der Schlechtwetterphase ist das Drama bereits am Laufen, es ist in Aktion oder bricht gerade aus. In der Schönwetterphase sind die Rahmenbedingungen so, dass eigentlich alles in Ordnung und scheinbar kein Drama in Sicht ist. Doch eben nur scheinbar. Die Schönwetterphase ist ein Zustand, in dem zwar gerade kein Drama aktiv ist und läuft, aber im Untergrund doch potenzielle Dramen schwelen, die rascher als man vielleicht denkt, ausbrechen könnten. Das heißt, die Dramen sind da, in Warteposition. Man wiegt sich in

Sicherheit, die allerdings nur eine vermeintliche ist. Wodurch sich welche Phase auszeichnet und was dort jeweils geschehen kann, wird bei der Beschreibung der 3 Dramarollen jeweils, die es in jeder der Phasen gibt, gleich sehr viel klarer und verständlicher werden.

Die Dramarollen in der Schlechtwetterphase

In der Schlechtwetterphase ist das Drama bereits ausgebrochen und bereits am Laufen oder gerade dabei auszubrechen. In dieser Phase — wie in den anderen auch — gibt es im Dramadreieck 3 Rollen.

Die drei grundlegenden Rollen sind:

- der Verfolger / Täter / Angreifer
- der Retter
- das Opfer

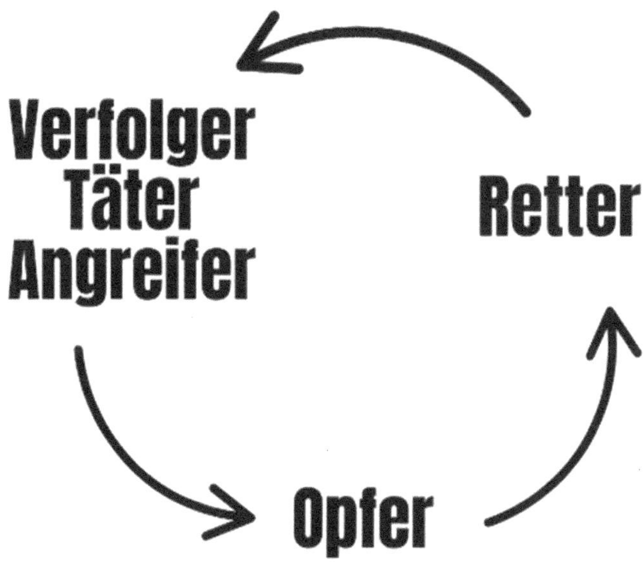

Diese drei Rollen sind mit unterschiedlichen, grundlegenden Energien verbunden. Diese sind durch die Bezeichnungen der einzelnen Rollen bereits gut erklärt — der Name ist Programm. Diese drei Rollen — oder besser gesagt die Menschen oder Gruppen, wenn sie diese ausfüllen — tun genau das, was der Name sagt: Der Angreifer greift an, der Retter rettet und das Opfer wird angegriffen und leidet.

Damit wir diese Rollen besser erkennen und dann mit den Menschen, die diese Rollen ausfüllen, besser und dramafreier umgehen können, sehen wir uns diese und ihre Denk- und Verhaltensweisen genauer an.

Der Verfolger / Täter / Angreifer

Der Verfolger — auch als Täter oder Angreifer bezeichnet —, tendiert dazu, andere anzugreifen. Das kann in unterschiedlichen Formen stattfinden — von ganz zaghaften, kaum als solche wahrnehmbaren Attacken bis hin zu massiven Angriffen inklusive der Anwendung körperlicher Gewalt. Er kritisiert und beschuldigt andere, macht ihnen Vorwürfe und unterstellt ihnen, Dinge getan zu haben, die sie möglicherweise gar nicht getan haben. Angreifer bedrohen andere, manchmal sogar physisch. Sie üben Druck aus oder erpressen sie. Sie nutzen ihre Macht, um ihre Ziele zu erreichen. Sie schimpfen und benutzen derbes Vokabular in lautem, aggressivem Tonfall oder verwenden auch sehr leise sprechend verletzende Worte. Es kommt weniger auf die Wortwahl oder

Lautstärke an, sondern sehr viel mehr auf die Energie und Intention, mit der sie gesprochen werden.

Doch Angreifer sind nicht nur schlecht. Ihrem Verhalten liegt auch eine Energie bzw. Fähigkeit zugrunde, die sie auszeichnet: Sie haben viel Durchsetzungskraft und Power, mit der sie ihre Ziele verfolgen. Das Negative ist, dass sie diese Energie für Zwecke nutzen, die anderen schaden.

Die Motivation der Verfolger, sich so zu verhalten, kann unterschiedliche Ursachen und Quellen haben. Er kann diese Rolle aus Frustration, Wut, Unsicherheit, Angst oder dem Wunsch nach Überlegenheit einnehmen. Verfolger können andere einschüchtern, manipulieren oder herabsetzen, um sich selbst besser zu fühlen oder um ihre eigenen Ziele zu verfolgen.

Anzutreffen sind Verfolger überall — am Arbeitsplatz, im Straßenverkehr, zuhause, an der Supermarktkasse — es gibt keinen Ort, wo sich diese Rolle nicht zeigt. Das gilt für die anderen beiden Rollen — Opfer und Retter — ganz genauso. Dennoch gibt es Situationen, die Menschen eher dazu veranlassen, in die Rolle des Angreifers zu schlüpfen.

Ich bin mir sicher, dass du nach dieser kurzen Beschreibung eine Verfolgerattacke gleich erkennst und dir spontan welche aus deiner eigenen Erfahrung einfallen, vielleicht auch solche, die du erst vor Kurzem erlebt hast — ein paar typische Äußerungen von Menschen, die in die Angreiferrolle geschlüpft sind:

- Im Straßenverkehr: „Hast du den gesehen? So ein Idiot! Dem müsste man den Führerschein entziehen. Aber warte nur, dem zeige ich es."
- An der Supermarktkasse: „Machen Sie das immer so, dass Sie sich vordrängeln, während andere Leute schon lange warten, um an die Reihe zu kommen? Wir stehen auch nicht zum Spaß hier."
- In der Firma (der Chef zum Mitarbeiter): „Verkaufen wollten Sie dem Kunden aber nichts, oder? Zumindest hatte ich nicht den Eindruck."
- In einer Zweierbeziehung: „Wenn du dir nicht endlich angewöhnst, dein Zeug wegzuräumen, statt es überall fallen zu lassen, wird das ernste Konsequenzen haben."
- In den Sozialen Medien: „Wenn man schon solchen Schwachsinn hier verbreitet, dann sollte das zumindest in korrektem Deutsch geschehen."

Die Liste von Beispielen könnte man noch endlos fortsetzen, so häufig treffen wir sie im Alltag an. Ich bin überzeugt, dass dir selbst auch etliche ein- und ab sofort auffallen.

Auch einige recht bekannte und verbreitete Typen bzw. Verhaltensweisen von Menschen agieren aus der Verfolgerecke unseres Dreiecks heraus:

- Der Sarkast: „Na großartig wie du das wieder hingekriegt hast. Ganz super." — Hier macht, wie du selbst weißt, der Ton die Musik.
- Der Besserwisser: „Also so kann man das nicht sagen. Genaugenommen ist das vielmehr umgekehrt."

- Der Narzisst: Narzissten zeichnen sich typischerweise durch ein übermäßiges Selbstwertgefühl, einen starken Wunsch nach Bewunderung und Anerkennung, ein geringes Einfühlungsvermögen und eine Tendenz zur Manipulation aus. Sie können dazu neigen, andere herabzusetzen oder zu kritisieren, um sich selbst aufzuwerten und Macht über andere auszuüben. In dieser Hinsicht kann das Verhalten eines Narzissten in die Verfolgerrolle passen, da sie andere dominieren und kontrollieren möchten. Allerdings sind viele echte Narzissten sehr geschickt im Umgang mit den Dramarollen und schlüpfen je nach Erfordernis auch in die des Retters oder Opfers.

Wie erwähnt brauchen wir aber für dieses Rollenspiel gar keine anderen Menschen. Wir können das auch allein mit uns selbst, indem wir unterschiedliche Persönlichkeitsanteile zu Wort kommen lassen. Keine Angst, das bedeutet nicht, dass du deshalb eine multiple Persönlichkeitsstörung hast 😉 — vielmehr tun wir das alle mehr oder weniger häufig. Ein paar Beispiele für Verfolgeraussagen dieser Art:

- „Mensch bin ich blöd. Das ist doch nicht zum Aushalten."
- „Typisch, dass das wieder mir passiert."
- „Kannst du denn gar nicht aufpassen?" — Wir sprechen uns dabei bisweilen auch in der dritten Person an.
- „Das wird nie was mit dir."

Das Opfer, das mit diesen Aussagen, die meist gedacht, aber durchaus auch laut ausgesprochen werden, attackiert wird, ist ein anderer Persönlichkeitsanteil in uns. Wir sind also Angreifer und Opfer gleichzeitig.

Wenn dir das bekannt vorkommt, dann willkommen im Club. Damit bist du definitiv nicht allein. Ich beobachte Verfolgerattacken gegen sich selbst laufend bei anderen — und habe mich natürlich auch selbst schon dabei ertappt. Und genau das ist ein wichtiger Punkt. Auch wenn du dich auf diese Weise immer noch selbst attackieren wirst, hast du ab sofort eine deutlich bessere Chance, diese Angriffe zumindest im Nachhinein zu erkennen und darüber nachzudenken. Der erste Schritt zur Veränderung in Richtung weniger Drama in deinem Leben ist dann gemacht.

Das Opfer

Die zweite (untere) Ecke im Dramadreieck wird vom Opfer besetzt. Personen, die in die Rolle des Opfers schlüpfen, neigen dazu, sich selbst als hilflos und machtlos wahrzunehmen. Sie sehen sich oft als diejenigen, die von äußeren Umständen oder anderen Menschen benachteiligt oder ungerecht behandelt werden.

Opfer fühlen sich oft unschuldig und leiden unter ihren (vermeintlichen) Umständen oft über die Maßen. Sie können anderen die Verantwortung für ihr eigenes Leben übertragen und erwarten, dass andere sie retten oder ihnen helfen, was Retter zum Beispiel auch sehr gerne tun. So kann sich, zwischen Opfer und Retter eine über längere Zeit stabile Beziehung entwickeln — eine Symbiose, in der jeder der beiden in seiner gewählten Rolle aufgehen kann. Die Opferrolle kann zu einem Gefühl der Ohnmacht und Abhängigkeit führen und Opfer dazu bringen, sich ganz auf ihre vermeintlichen

Schwächen und Leiden zu konzentrieren und so permanent in dieser Rolle zu sein.

Obwohl Opfer oft echte Schwierigkeiten und Herausforderungen erleben können, kann die Opferrolle destruktiv und hochdramatisch sein, da sie die Selbstwirksamkeit und Eigenverantwortung einschränkt. Opfer bekommen durch diese Rolle vor allem auch eines: Aufmerksamkeit von anderen. Daher wird die Opferrolle sehr gerne dazu genutzt, um Aufmerksamkeit zu erhalten. „Ich bin so arm, mir geht es so schlecht, beachtet mich!“, lautet die ausgesprochene oder auch unausgesprochene Botschaft der Opfer an ihr Umfeld.

Obwohl Opfer scheinbar hilf- und machtlos sind, ist diese Rolle bei genauerer Betrachtung eine mit sehr viel Macht, häufig sogar jene mit der meisten Macht aller drei Rollen. Warum? Opfer haben bzw. sind etwas, das Retter wie Verfolger brauchen. Ohne Opfer kann der Retter niemanden retten und der Verfolger auch niemanden verfolgen. Daraus entspringt ein guter Teil der Macht des Opfers. Ein anderer Teil dieser Macht entspringt dem christlich sozialen Weltbild. Doch nicht nur in der westlichen, christlich geprägten Welt ist es ein gesellschaftlich anerkannter Wert, die Armen und Hilfsbedürftigen (sprich die Opfer) zu unterstützen. Auf ein hilfloses Opfer loszugehen ist unter diesen Rahmenbedingungen ein absolutes No-Go. Jemand, der das macht, wird im Normalfall mit sozialer Ächtung und Ausschluss aus der Gruppe bestraft.

Wer also in die Rolle des Opfers schlüpft, auch wenn er das absichtlich und ganz bewusst macht, gewinnt deutlich an Macht. Daher ist die Opferrolle eine, die viele gerne nutzen, um Aufmerksamkeit zu gewinnen und mehr Macht zu erhalten.

Einem anderen Verfolger gegenüber kann der Verfolger in seiner Rolle zur Hochform auflaufen. Die beiden matchen sich dann häufig so lange, bis einer zum Opfer wird.

Organisationen sowie Nationen haben in der Weltgeschichte die Macht dieser Rolle benutzt, um zu erreichen, was sie wollen bzw. tun es immer noch. Gerechtfertigt oder nicht — das muss im Einzelfall entschieden werden, aber in jedem Fall ist die Opferrolle wirksam und mächtig.

Typische Verhaltensweisen oder Aussagen von Menschen in der Opferrolle sind:

- „Das ist ja gar nichts. Meine Lunge solltest du mal sehen. Mein Arzt hat gesagt, dass es ein Wunder ist, dass ich überhaupt noch die Stiegen zu meiner Wohnung hochsteigen kann." — Ein verbales Wetteifern darum, wer die schlimmeren Krankheiten hat, wie bei älteren Menschen verständlicherweise zunehmend häufiger zu beobachten ist.
- Der Versuch, ein People Pleaser zu sein — jemand, der versucht es allen recht zu machen und sich damit klein macht.
- Dinge vor sich herschieben und niemals zu beginnen, aus Angst, man könnte der Aufgabe nicht gewachsen sein.
- Von vielen anderen in den höchsten Tönen sprechen, nur nicht von sich selbst.

- Sehr viel arbeiten und sich dann darüber beklagen, dass so viel zu tun ist.
- Die Gastgeberin, die ein Kompliment für das großartige Essen bekommt und antwortet: „Ach, so toll war das gar nicht. Der Rinderbraten war etwas zu lange im Rohr und das Gemüse nicht mehr knackig."
- Jemand, der sich unscheinbar kleidet und ebenso verhält, leise spricht, beim Sitzen und Gehen möglichst wenig Platz einnimmt und sich nicht von sich aus zu Wort meldet.
- Weinen bei jeder Gelegenheit — auch bei solchen, die im Grunde gar keine sind.

Unterscheiden muss man auch zwischen Menschen, die sich häufig und länger in der Opferrolle befinden und sich damit assoziieren und solchen, die im Wissen um die Macht des Opfers die Rolle einfach nur fallweise benutzen, um damit Kontrolle und Macht auszuüben. So können Narzissten und geschickte Manipulatoren aller Arten genau das zum Beispiel sehr gut. Wenn sie mit Verfolgertaktiken nicht vorankommen, dann schlüpfen sie schnell einmal in die Opferrolle und versuchen es auf diese Tour.

- „Ja natürlich, ich bin ja selbst schuld, wenn ich dir immer wieder vertraue. Was bin ich blöd."
- „Ich habe mir eben gedacht, dass sich meine Kinder zumindest ein wenig um mich kümmern, wenn ich alt bin. Da habe ich mich offenbar getäuscht."
- „Ich fühle mich gerade gar nicht gut. Kannst du mir bitte ein Glas Wasser und meine Tabletten holen." - Wenn nicht gerade ein echter medizinischer Notfall vorliegt.
- „Uns Alte will man ohnehin nur loswerden."

So oder so ähnlich klingen Aussagen aus der Opferecke des Dreiecks — egal ob es tatsächlich empfundene oder manipulativ gezielt eingesetzte sind.

Auch um die Opferrolle voll auszufüllen, braucht es keine weitere Person. Wir sind erfahrungsgemäß sehr gut darin, uns selbst zu bemitleiden und bisweilen in Selbstmitleid zu versinken. Die Gedanken und Aussagen sind dabei im Prinzip dieselben (siehe vorhergegangene Beispiele), oft sogar genau gleich klingend, egal ob diese zu einer anderen Person gesagt werden oder zu sich selbst.

Wie auch die anderen beiden dramatischen Rollenbilder, hat auch das Opfer seine Stärken und Qualitäten. Dazu gehören vor allem ein gehöriges Maß an Kreativität und Flexibilität, sich auf geänderte Rahmenbedingungen einzustellen. Diese Stärken kann das Opfer allerdings nicht zeigen bzw. nutzen, wenn das Drama in Aktion ist.

Der Retter

Um die Energie des Verfolgers oder Täters auszugleichen, tritt — das Dramadreieck in seiner Gesamtheit betrachtend — der Retter — auf den Plan. Er ist einer der beiden Gegenpole des Verfolgers. Doch Achtung, das bedeutet nicht, dass ein Verfolger anwesend oder überhaupt im Spiel sein muss, damit der Retter aktiv werden kann. Schließlich kann man auch Rettungsaktionen ganz ohne Angreifer durchführen. Was der Retter allerdings benötigt, ist ein Opfer, damit er in Aktion treten kann.

Dabei muss der Retter keine andere Person sein, sondern es kann auch einer der erwähnten Persönlichkeitsanteile in dir sein und dich selbst retten. Darüber hinaus herrscht ohnehin kein Mangel an passablen, nicht menschlichen Opfern. Das können auch Tiere, Pflanzen, die Natur, das Klima (aktuell sehr beliebt bei Rettern) oder gleich die ganze Welt sein.

Auf den ersten Blick ist ein Retter jemand, der anderen hilft, ihnen in der Not beisteht. Doch dieser erste Blick täuscht bzw. zeigt uns nicht die ganze Wahrheit. Die Motive hinter den Aktivitäten des Retters (man könnte diese bisweilen durchaus auch als Attacken bezeichnen) sind nicht so nobel wie sie aussehen mögen oder besser gesagt, wie der Retter gerne hätte, dass sie wahrgenommen werden.

Retter sehen sich selbst oft als diejenigen, die die Lösungen für die Probleme anderer haben, und sie können sich selbst durch das Helfen und Retten aufwerten. Sie neigen dazu, Verantwortung für die Probleme anderer zu übernehmen und sich in deren Leben einzumischen, selbst wenn dies nicht ausdrücklich erwünscht ist. Bisweilen können sie sogar, wenn dies ausdrücklich nicht erwünscht ist, ihre Aktionen nicht einstellen bzw. unterlassen. Dies kann zu einem Mangel an Grenzen führen und die Selbstbestimmung der "Opfer" einschränken. Retter werden häufig als übergriffig wahrgenommen. Sie retten andere aus Situationen, aus denen diese gar nicht gerettet werden wollen und schützen sie vor Problemen, die für den Geretteten gar keine Probleme sind.

Retter handeln vielleicht im Ursprung auch aus guten Absichten heraus. Wie wir aber wissen, ist der Weg zur Hölle gepflastert mit eben solchen guten Absichten. Retter handeln vor allem häufig auch maßlos übertrieben. Das heißt nicht, die Aktion selbst muss dramafördernd sein, sondern ihr unverhältnismäßiges Ausmaß. Statt dort Hilfe anzubieten, wo Hilfe ausdrücklich gewünscht ist oder ein echter Notfall besteht, helfen Retter sprichwörtlich überall.

So wie beim Täter hat auch der Retter seine Stärken und Fähigkeiten. In seinem Fall sind es seine Empathie, sein Einfühlungsvermögen und der Wille, anderen zu helfen. All das sind Stärken, die der Retter auch so einsetzen könnte, dass diese anderen nutzen. Und das macht er in anderen, undramatischen Situationen auch, wie wir später noch sehen werden.

Ein paar Beispiele für Retteraktivitäten bzw. -aussagen, um die Rolle noch besser zu verstehen:

- Die Mutter zum 40-jährigen Sohn: „Setz dir eine Mütze auf, wenn du rausgehst. Es weht ein eisiger Wind."
- Der Vater, der den 12-jährigen Sohn täglich zur Schule bringt und nach dem Unterricht abholt und ihn so zum Gespött seiner Freunde macht.
- Die Tante, die dem Neffen noch einen Nachschlag gibt, obwohl dieser nach zweimaligem Nachfragen beim „Nein, danke!" geblieben ist.
- Die Gäste, die darauf bestehen, auch etwas zu kochen und zur Gastgeberin mitzubringen, ganz nach dem Motto: „Du Arme

hast ohnehin so viel zu tun“, obwohl dieser schon mehrfach betont hat, dass das nicht nötig ist.

- Die politische Partei (wie bei der SPD in Schleswig-Holstein im Sommer 2023 geschehen) will Gesetze bzw. Regeln einführen, laut denen größere Veranstaltungen ab einer gewissen Außentemperatur zum Schutz der Teilnehmer nicht mehr durchgeführt werden dürfen.
- Dieselbe Partei will auch Sonnencremespender an öffentlichen Orten aufstellen, um die Bürger vor der Sonne zu schützen.
- Ungefragte und unerwünschte Tipps aller Arten werden meist aus der Retterrolle herausgegeben:
    - Erziehungstipps, die die (Schwieger-)mutter der (Schwieger-)tochter gibt
    - Kochtipps in derselben Konstellation, wobei es natürlich auch umgekehrt sein kann (wenn es auch nicht so häufig vorkommt) — die Schwiegertochter gibt der Schwiegermutter Kochtipps

Durch Aktivitäten dieser Art wird der Widerstand bei den „armen Opfern“ angefacht. Diese spüren sehr wohl, dass sie auf diese Art und Weise klein gemacht und entmachtet werden sollen und setzen sich zur Wehr, indem sie kurz in die Retterrolle wechseln, wobei sie sich selbst retten. Der interne Retter begehrt auf und sagt: „Das musst du dir nicht gefallen lassen!“ Dann mutiert dieser zum Angreifer, wodurch plötzlich der ursprüngliche Retter in die Opferrolle gedrängt wird — und das Drama beginnt sich zu entwickeln.

Vielleicht noch verständlicher an einem konkreten Beispiel demonstriert: Die Mutter (Retter) sagt zum 40-jährigen Sohn (Opfer)

„Setz dir eine Mütze auf, wenn du rausgehst. Es weht ein eisiger Wind.“

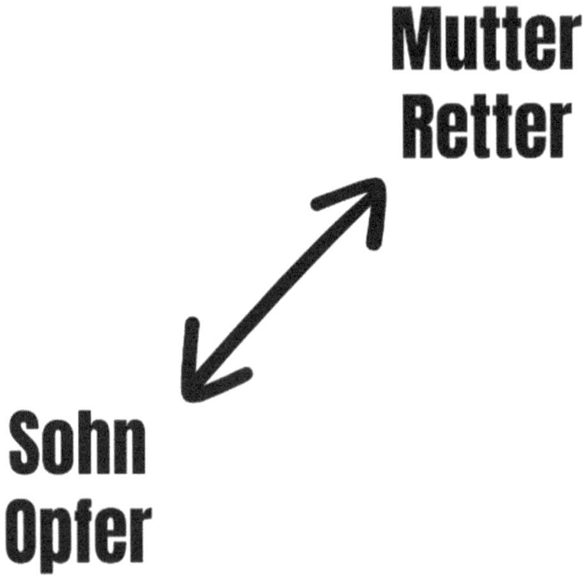

Dieser fühlt sich nicht wohl in der Opferrolle und fühlt sich von seiner Mutter kleingemacht. Er reagiert darauf mit der Entgegnung (interner Retter): „Ich bin alt genug, um selber zu wissen, was ich mir anziehen soll.“ Und geht dann einen Schritt weiter in die Rolle des Angreifers: „Hör endlich auf, mir Vorschriften machen zu wollen. Ich bin 40!“ Die Mutter wechselt in die Rolle des Opfers und sagt darauf: „Das finde ich jetzt nicht nett, dass du mich so anpflaumst. Schließlich wollte ich ja nur dein Bestes.“

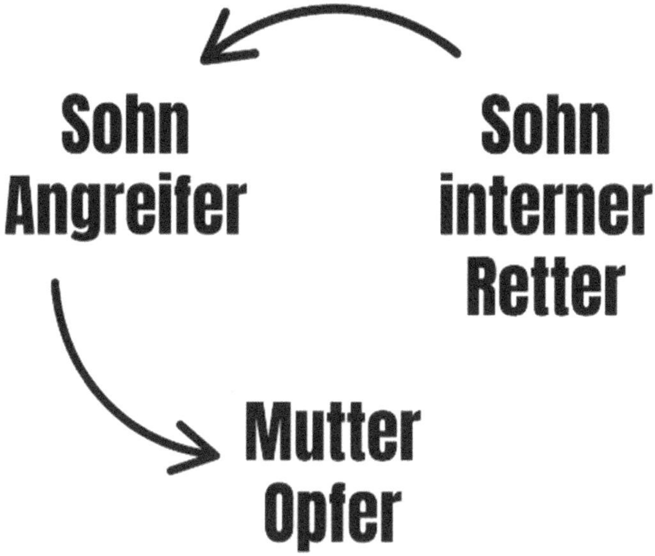

Oder aber das Opfer zeigt keinen Widerstand, sondern verbleibt nicht nur in seiner Opferrolle, sondern sinkt auch noch tiefer in sie hinein und liefert sich dem Retter vollkommen aus. Dadurch kann, wie erwähnt, eine auch über einen längeren Zeitraum stabile Retter- / Opfer-Beziehung entstehen. Diese sieht zwar bei oberflächlicher Betrachtung nicht nach Drama aus, aber im Untergrund brodelt dieses beständig. Die Stabilität ist nicht von Dauer. Das Drama gerät sehr schnell und immer wieder in Bewegung.

Manchmal ist eine Retteraktivität auch schwer von jener eines Angreifers zu unterscheiden. Der Ton macht auch hier die Musik. „Ich habe da einen Geheimtipp für dich, wie dir die Torte noch besser gelingt." — Das kann ein nett gemeinter und gerne angenommener Tipp sein, aber auch eine Retteraktion oder ein versteckter Angriff. Schließlich ist das ganz leicht auch als: „Du hast offenbar keine Ahnung, wie man eine ordentliche Torte bäckt“, interpretierbar.

Um eine Aktion als dramatische Retteraktion oder normale, vernünftige und geschätzte Hilfe richtig zuzuordnen, braucht es auch die Kenntnis der Rahmenbedingungen, der Vorgeschichte sowie der Beziehung zwischen Retter und Gerettetem. Ein und dieselbe Aktivität kann wünschenswerte Hilfe oder auch übertriebenes Rettertum sein — je nachdem.

Retter und ihre Aktivitäten sollte man keinesfalls unterschätzen, was ihre Dramaenergie betrifft. Retter sind sehr gefährlich, wenn es um die Entstehung oder Verstärkung von Dramen geht, weil ihre Angriffe oft nicht gleich als solche erkennbar und nach außen als Nettigkeiten getarnt sind. Ganz anders als beim Angreifer, dessen Aktivitäten ganz klar zuordenbar sind und eine deutliche Sprache sprechen. Und doch sind Retteraktivitäten nicht weniger schädlich oder dramafördernd wie jene der Angreifer.

Es gibt Organisationen und Berufe, die verstärkt Retter anziehen — was nicht bedeutet, dass alle dort Tätigen ständig in der dramatischen Variante dieser Rolle sind:

- Pflegedienste
- Tierschutzverbände — In den radikaleren gibt es auch jede Menge Verfolgerenergie
- Klimaschutzorganisationen — auch hier gibt es radikale Elemente mit Verfolgerenergie
- Helfende und heilende Berufe

- Kirchen
- Non-Profit-Organisationen aller Arten

Auch für die Retterrolle bedarf es keiner zweiten, externen Person. Auch in diese kannst du für dich selbst schlüpfen und dich so selbst retten.

Ein paar Beispiele für Dinge, die du — in Gedanken oder auch laut gesprochen — zu dir selbst sagen könntest, wenn du dich in der Rolle des Retters befindest:

- „Wenn die dich nicht einmal grüßen kann, dann ist das eben so. Du brauchst sie schließlich nicht."
- „Sie hat vergessen, dir zum Geburtstag zu gratulieren. Offenbar bist du ihr nicht wichtig genug. Aber das ist nicht deine Schuld."
- „Du solltest dich nicht überanstrengen und zu viel arbeiten. So ein Burnout ist heutzutage verbreitet."
- „Du Armer, du hast aber wirklich auch Pech."

Retter sind im Allgemeinen gut erkenn- oder noch besser erspürbar, wenn man auf sie trifft. Ich bin davon überzeugt, dass du den einen oder die andere in deinem Umfeld hast, der oder die gerne in diese Rolle schlüpft — und möglicherweise erkennst du dich ja auch selbst ab und an darin.

Bewegung und Dynamik im Drama

Das Drama in Aktion unterscheidet sich in einem wesentlichen Punkt vom Drama in der Schönwetterphase. Während sich Letzteres in der Ruhephase befindet und die Teilnehmer bzw. Akteure in ihren

Dramarollen verbleiben, ist beim Drama in Aktion Bewegung und Abwechslung drin. Man spricht von der sogenannten Dramadynamik. Die Akteure wechseln dabei zwischen den Rollen oft schneller, als man das als Betrachter mitbekommt.

Am besten lässt sich das vermutlich anhand eines Beispiels beschreiben. Nehmen wir etwa das Drama, welches sich zwischen Sohn, Mutter und Vater entsponnen hatte und sehen wir uns dabei etwas genauer an, was da wirklich passiert:

Mutter zum Sohn: „Jetzt mach doch endlich deine Schulaufgaben. Ich habe dir schon hundertmal gesagt, dass du erst dann zum Spielen gehen darfst, wenn du deine Aufgaben erledigt hast."

- Die Mutter ist zu Beginn in der Rolle der Angreiferin. Vermutlich ist das auch an ihrem Tonfall erkennbar.

Sohn: „Die mache ich dann später."

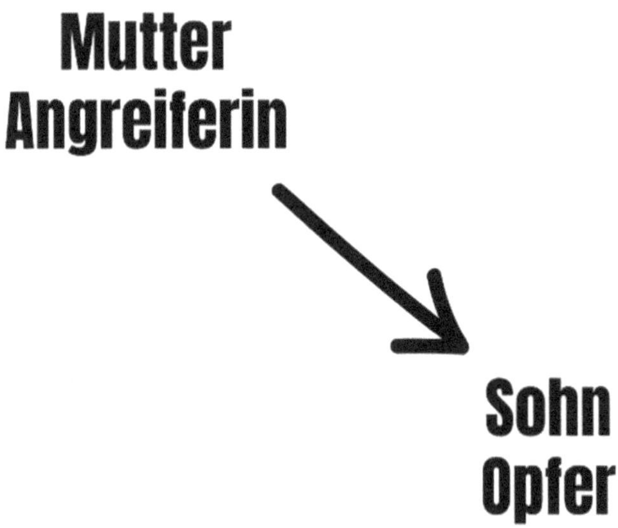

Mutter zum Sohn: „Nicht dann, jetzt!"

- Die Mutter ist noch immer in der Rolle der Angreiferin.

Mutter (seufzend) zum Vater: „Jetzt sag du doch auch einmal etwas. Immer bleiben diese Sachen an mir hängen und ich bin dann die Böse."

- Die Mutter wechselt blitzschnell in die Opferrolle und drängt den Vater dazu, die Rolle des Retters zu übernehmen und sie zu retten. Der Opferrolle seiner Frau hat er wenig entgegenzusetzen — er ist machtlos.

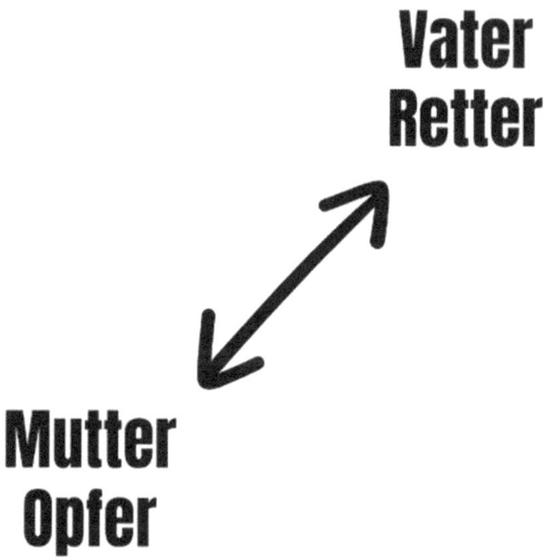

Vater zum Sohn: „So jetzt reicht es. Handyverbot für eine Woche."

- Der Vater ist jetzt klar in der Rolle des Angreifers. Ziel des Angriffs ist der Sohn. Seiner Frau gegenüber bewegt er sich dabei in der Rolle des Retters.

Sohn zum Vater: „Das ist voll ungerecht. Ich mache meine Hausaufgaben eh noch. Ich hasse dich.“ Sohn beginnt frustriert zu weinen.

- Spätestens jetzt ist der Sohn klar in die Opferrolle geschlüpft.

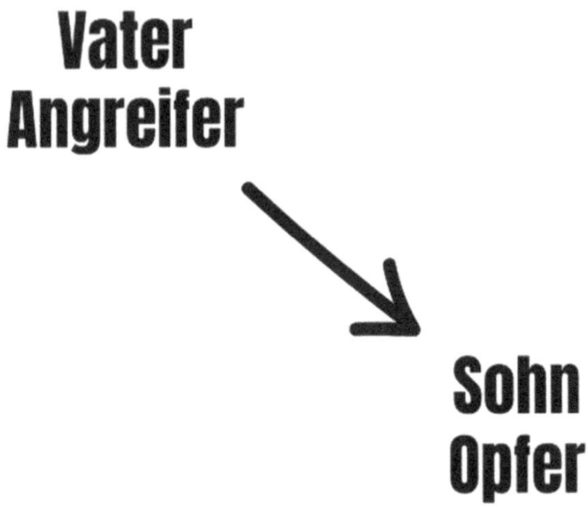

Mutter zum Vater: „Das ist wieder typisch. Du musst immer übertreiben. Das wäre echt nicht notwendig gewesen.“

- Die Mutter wechselt ebenso schnell wie sie vom Angreifer in das Opfer geschlüpft ist, in die Rolle der Retterin ihres Sohnes, den sie vor der Angreiferenergie ihres Mannes in Schutz nehmen will. Fast nahtlos wechselt sie weiter in den Angreifer. Das heißt, sie hat binnen weniger Sätze bzw. Momente alle Rollen einmal besetzt und ist zum zweiten Mal beim Angreifer angelangt.

Vater (sich verteidigend und beleidigt klingend) zur Mutter: „Aber du hast doch gesagt, dass ich etwas sagen soll. Das habe ich gemacht.“

- Nachdem die Angreiferrolle in diesem kleinen Drama nun wieder von seiner Frau besetzt ist, wechselt der Vater in die Rolle des Opfers und verteidigt sich gegen die Angriffe seiner Frau.

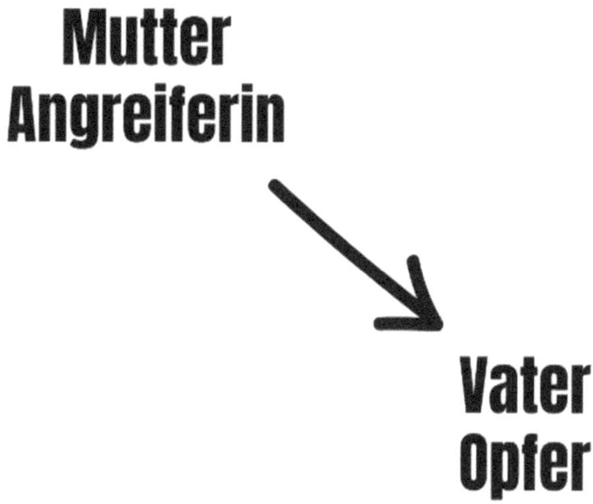

Das Drama muss hier allerdings noch nicht zu Ende sein. Der Sohn könnte zum Beispiel so reagieren: „Immer gehst du auf Papa los. Lass ihn in Ruhe, Mama."

- Der Sohn würde so die Dynamik des Dramas noch weiter verstärken, indem er zum Angreifer der Mutter mutiert, um den Vater, der ihr gegenüber in der Opferrolle ist, zu retten.

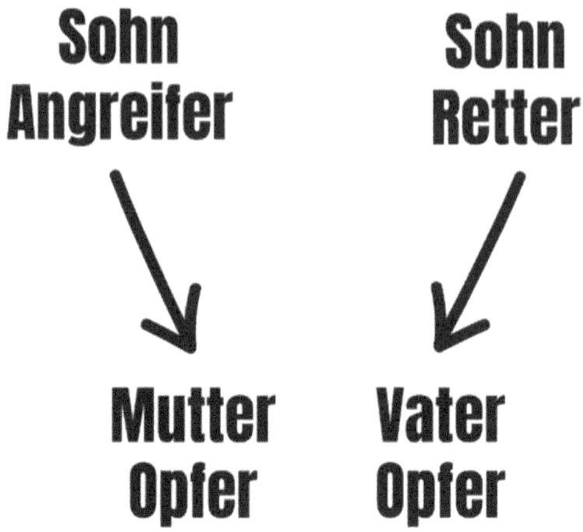

Wie du dir vorstellen kannst oder auch in eigener, leidvoller Erfahrung erlebt hast, kann sich so ein Drama leicht über mehrere Runden erstrecken. Die Rollen werden dabei immer wieder gewechselt, wobei das nicht zufällig geschieht, sondern dem Wechsel ein Muster zugrunde liegt. Die Rollenverteilung und damit das Drama rotiert GEGEN den Uhrzeigersinn. Vom Angreifer, zum Opfer, zum Retter und wieder zum Angreifer.

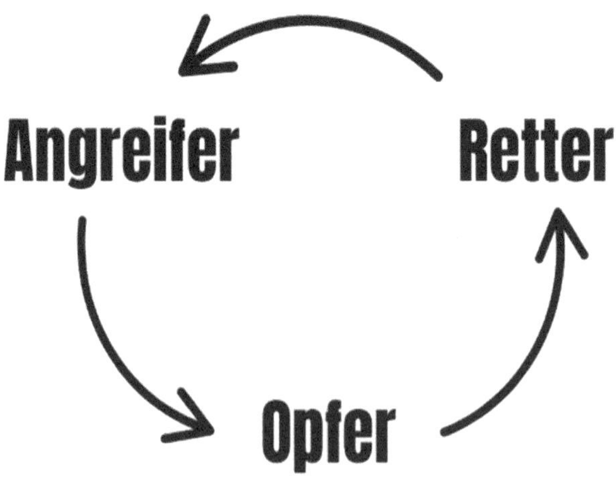

Diese Art der Rotation ist für Dramen typisch und daher häufig zu beobachten. Die nichtdramatischen Positionen — solche gibt es und wir werden später zu ihnen kommen — rotieren häufig ebenso, aber — und das ist ein wesentlicher Unterschied — IM Uhrzeigersinn. Und diese geänderte Abfolge des Rollenwechsels macht einen — im wahrsten Sinne des Wortes — dramatischen Unterschied.

Wenn du die Dramen in deinem Leben reduzieren willst, ist es interessant, diese Bewegungen zu erkennen und zu beobachten. Je häufiger dir solche Dinge auffallen und je besser du diese Muster erkennst, umso leichter wirst du dich in einem weiteren Schritt tun, diese Muster zu unterbrechen und ggfs. umzukehren.

Die Dramarollen in der Schönwetterphase

Jeder, der schon einmal in den Bergen im Urlaub war weiß, dass in einem Moment noch die Sonne vom klaren, blauen Himmel strahlen kann und kurze Zeit später dunkle Wolken fast aus dem Nichts aufgetaucht sind und ein gewaltiges Gewitter losbricht. Mit Dramen verhält es sich oft genauso. Gerade noch war alles in Ordnung oder schien es zumindest zu sein und Momente später ist überhaupt nichts mehr in Ordnung und das Drama ist in vollem Gang und Wachsen.

In der Schönwetterphase ist die Dramadynamik im Stillstand. Das Drama oder die Dramen sind in der Warteposition, aber unter der Oberfläche permanent vorhanden. In dieser Phase sieht das Dramadreieck genauso aus, nur sind die Ecken mit anderen Rollen besetzt. Du wirst sehen, dass dir diese ebenso bekannt vorkommen wie die drei aus der Schlechtwetterphase.

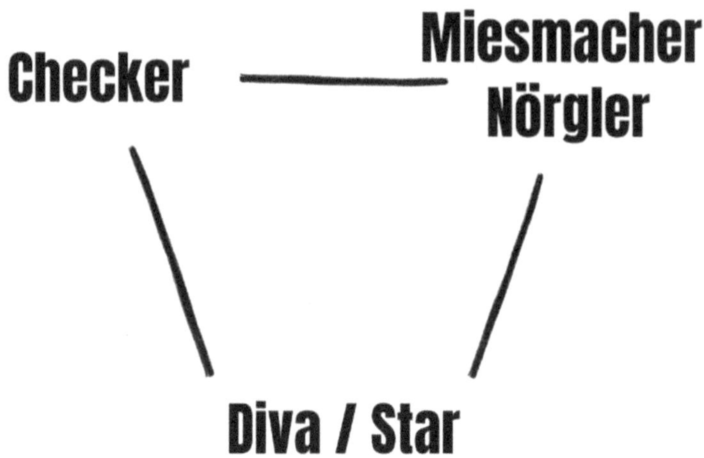

Die 3 Rollen der Schönwetterphase sind:

- der Checker — das Pendent zum Verfolger
- die Diva / der Star — das Pendent zum Opfer
- der Miesmacher / Nörgler — das Pendent zum Retter

Jede der drei Dramarollen in der Schönwetterphase ist die Entsprechung einer Rolle in der Schlechtwetterphase. Was ich mit Entsprechung meine, wird gleich sehr viel klarer, wenn wir uns die einzelnen Rollen näher ansehen. Die zugrundeliegenden Energien, die du schon aus der Phase kennst, in der das Drama in Aktion ist, sind dabei dieselben, allerdings unter anderen Rahmenbedingungen.

Der Checker

Der Checker ist ein Angreifer, der gerade nichts oder niemanden anzugreifen hat. Die Energie des Checkers ist dieselbe wie die des Angreifers, nur dass sich diese im Moment nicht in einem Drama entfalten kann. Der Checker kennt sich aus, er weiß, was Sache ist und wo es langgeht. Er bemüht sich, wissend und cool zu sein oder zumindest so zu wirken.

Er zeigt das auch durch Aussagen wie:

- „Wenn du wieder so etwas machst, dann hol mich lieber gleich und du ersparst dir eine Menge unnötige Arbeit und potenziellen Ärger." — Auch wenn das so klingt, als ob er Hilfe anbieten würde, ist die Verfolgerenergie deutlich spürbar.
- „Gebt den Idioten in der Regierung mal meine Nummer. Ich sage denen schon, wo es langgeht." — Dadurch wird im Normalfall unmittelbar kein Drama entstehen, noch nicht — außer dieser Checker wäre tatsächlich jemand, der in der Öffentlichkeit etwas zu sagen hat.

Sollte sich eine Gelegenheit bieten, das Drama in Bewegung zu versetzen, dann wird der Checker meist sehr rasch zum echten Angreifer. In den Äußerungen des Checkers und in seinem Verhalten gibt es durchaus Dramaeinladungen, die allerdings nicht so offensichtlich sind wie ein Frontalangriff des Täters.

Die Diva / der Star

In der Schönwetterphase gibt es aktuell keine wahrnehmbaren Bedrohungen. Das Opfer kann sich ein wenig entspannen und seine Stärken, die auch das Opfer hat, etwas besser ins Spiel bringen.

Seine Rolle mutiert zu jener der Diva oder des Stars — mit allem, was dazugehört. Als Diva will das Opfer im Mittelpunkt der Aufmerksamkeit stehen — nun es nimmt in der Beziehung alles, was es bekommen kann.

Die Diva verpasst keine Gelegenheit, sich auf den Bühnen der Welt zu zeigen — den großen oder auch den ganz kleinen. Und wenn es einmal keine Bühne gibt, dann wird einfach eine aus dem Hut gezaubert — schließlich gehören Kreativität und Flexibilität zu den Stärken der Diva, die in der Schönwetterphase durchaus zum Ausdruck kommen können. Und wenn der Star einmal nicht ausreichend Aufmerksamkeit und Anerkennung erhält, dann fordert er diese beinhart ein und nimmt sie sich einfach. Applaus, Lob und Huldigung sind die Währungen, die der Star sehr gerne entgegennimmt.

Für Diven und Stars typische Verhaltensweisen und Aussagen sind:

- „Na, was sagst du, wie habe ich das gemacht?" — das klassische „Fishing for Compliments"
- „Na, habe ich das nicht super gemacht?" — wenn es ein wenig direkter sein soll
- Ergreifen gerne das Wort als erste, wenn jemand das Wort ergreifen soll, und geben es dann nur sehr ungern wieder ab.
- Erzählen ausführlich von ihren großartigen Ideen und Taten und ebenso ausführlich und gerne von ihren großartigen Problemen und Misserfolgen — soweit es sie betrifft, ist schließlich alles großartig.

Und wenn es einmal nicht so läuft, wie der Star das so erwartet? Stars und Diven sind oder geben sich sehr verletzlich. Man ist beleidigt, verletzt oder schmollt. Der Schritt zum Opfer ist nur ein kleiner und auf dessen Macht wird gerne zurückgegriffen, wenn die Anerkennung nicht im gewünschten Ausmaß gezollt wird.

Der Miesmacher / Nörgler

Wenn niemand zu retten ist — weit und breit nicht — auch nicht bei großzügiger Auslegung des Hilfsangebotes, wenn es allen so weit gut geht, wenn keine potenziellen Dramen präsent sind, dann geht es dem Retter nicht gut. In solchen Situationen wird der Retter zum Miesmacher bzw. Nörgler. Eine Variante davon, denen aber dieselbe Dramaenergie zugrunde liegt, ist der Besserwisser — der Name ist Programm.

Der Nörgler beginnt Dinge schlecht zu machen, versucht Dramen herbeizureden, bemüht sich alle auch noch so kleinen Löcher im Käse zu finden und wird nicht müde, alle anderen darauf aufmerksam zu machen. Er ist über die Maße kritisch und dabei häufig sehr detailverliebt. Schließlich gibt es sehr viel mehr Kritikpunkte zu finden, wenn man alle Details betrachtet.

Ein Miesmacher bzw. Nörgler kann zum Beispiel so klingen — den typischen Tonfall eines Nörglers hast du vermutlich sofort im Kopf, wenn du die folgenden Äußerungen liest:

- „Naja, wer weiß wie lange das so bleibt."
- „Also mit rechten Dingen geht das sicher nicht zu."
- „Aus meiner Sicht ist das viel zu gut, um wahr zu sein."

- „Naja meines ist es nicht, aber wenn es dir gefällt."
- „Du weißt aber schon, dass da noch allerlei Probleme auf dich zukommen können."
- „Mich geht es ja im Grunde nichts an, aber an deiner Stelle würde ich da sehr aufpassen."
- „Ist nicht schlecht, habe aber schon Besseres gesehen."
- „Du denkst wirklich, du kannst deinen Traumjob finden? Viel Glück damit, in dieser wettbewerbsintensiven Welt."
- „Genau genommen kann man das so nicht sagen."
- „Ja klar, dieser Politiker kümmert sich wirklich um das Wohl des Volkes. Er wird bestimmt alles ändern." — Ein Nörgler mit einer Portion Zynismus.

Ich denke, du kennst diese Art von Äußerungen nur allzu gut. Sie begegnen uns recht häufig im Alltag. Das sind alles Dramaeinladungen, die in der Hoffnung ausgesprochen werden, dass sie jemand annimmt und damit dem noch nicht vorhandenen Drama erste Energien zuführt. Und wenn dessen Dynamik zunimmt und es zu einem Drama heranwächst, das diese Bezeichnung auch verdient, dann gibt es auch immer das eine oder andere Opfer zu retten. Dann mutiert der Nörgler wieder zum echten Retter und ist voll in seinem Element.

Die undramatischen Rollen

Nun haben wir die 6 dramatischen Rollen besprochen, doch das ist noch nicht alles. Schließlich gibt es nicht nur Dramen im Leben — auch wenn man manchmal diesen Eindruck gewinnen könnte. Zum Glück gibt es auch Menschen, Zeiten und Situationen, die ganz ohne

Dramen auskommen. Doch was geschieht mit den Rollenbildern bzw. den Menschen, die diese in potenziell dramatischen Situationen ausgefüllt haben? Die können doch nicht einfach verschwinden und einen leeren Platz hinterlassen? Tun sie auch nicht. Sie verändern und verwandeln sich. Jedes dramatische Rollenbild hat ein undramatisches Gegenstück, das sich an derselben Stelle im Dramadreieck befindet.

Das Prinzip, das dahintersteckt, ist: Nicht alles an den dramatischen Rollenbildern ist schlecht. Auch diese haben, wie erwähnt, Qualitäten, Fähigkeiten und Stärken, die sie allerdings in den Schön- und Schlechtwetterphasen nur in Form von Dramen ausdrücken und nur zur Entwicklung von Dramen einsetzen. Doch die Qualität, die Fähigkeit und die Eigenschaft selbst wäre, auch für gute Zwecke, für dramafreie Aktivitäten und Verhaltensweisen einsetzbar. Die Frage ist also: Was sind die Stärken und Qualitäten von Verfolger, Retter und Opfer?

- Den Verfolger zeichnet seine Durchsetzungsstärke und Zielorientierung aus.
- Der Retter ist sehr gut darin, sich in andere hineinzudenken. Er hat einen starken Willen zu helfen und sieht die Schwachstellen in Menschen und Konzepten sehr gut.
- Das Opfer hat ein hohes Maß an Flexibilität, Sensibilität und Kreativität.

All das sind Eigenschaften, die in den transformierten Rollenbildern deutlich zum Vorschein kommen, sich dort so richtig entfalten können und zum Besten aller eingesetzt werden.

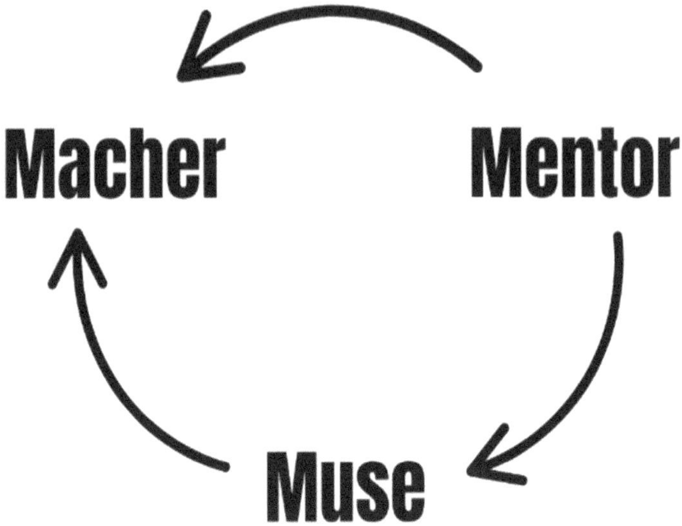

Die 3 undramatischen, transformierten Rollen sind:

- der Macher — das Pendent zum Verfolger / Täter
- der Mentor — das Pendent zum Retter
- die Muse — das Pendent zum Opfer

Was macht diese so anders als ihre dramatischen Gegenstücke? Wie verhalten sie sich und welche Eigenschaften zeichnen diese aus? Werfen wir einen genaueren Blick auf diese transformierten Rollen.

Der Macher

Der Macher hat Energie und Umsetzungsstärke. Er weiß Dinge und Projekte voranzubringen, ist verlässlich und zielorientiert. Er kann aus einer Idee einen Plan machen und diesen — allein oder in einem Team — umsetzen und zum Erfolg führen. Er ist aktiv und packt

Dinge an. Er beschäftigt sich gerne mit der Zukunft, die es zu gestalten gilt.

Zwei der wichtigsten Eigenschaften des Verfolgers sind seine Zielorientierung und Durchsetzungsstärke. Diese kommen beim Macher in ihrer besten Art und Weise zum Ausdruck

Für Macher typische Verhaltensweisen und Aussagen sind:

- „Ich erledige das bis morgen. Du kannst dich darauf verlassen."
- „Es ist nicht einfach, aber wir bekommen das hin."
- „Komm, du schaffst das."
- Er packt mit an und inspiriert andere dadurch.
- Er redet nicht über Ideen und Träume, sondern macht Pläne, diese zu realisieren und setzt diese um.
- Er arbeitet auch dann noch, wenn alle anderen schon schlafen gegangen sind.
- Er weiß genau, wo er hinwill.
- Er lässt sich durch Hindernisse nicht beirren, sondern sucht und findet Wege, diese zu überwinden.
- Er springt ein, wo Not am Mann ist.

Du siehst also, der Unterschied zum Täter ist gar nicht so groß. Die grundlegende Energie ist dieselbe, die Ausprägung dieser Energie und damit verbunden die Wirkung sind allerdings vollkommen andere.

Der Mentor

Der Mentor unterscheidet sich in einem sehr wesentlichen Punkt von seinem dramatischen Gegenstück, dem Retter. Der Retter gibt — im besten Fall — Hilfe (die schlechteren Fälle haben wir vorhin besprochen). Der Mentor hingegen gibt Hilfe zur Selbsthilfe. Dem Mentor ist es nicht nur wichtig, dass jemand, der Hilfe bekommt, diese auch braucht und von sich aus haben will. Er weiß und vertraut darauf, dass sich jeder auch selbst helfen kann. Ihm ist wichtig, dass der andere lernt, sich selbst zu helfen. Das ist wesentlich nachhaltiger und mittelfristig sehr viel besser für alle Beteiligten. Damit ist derjenige, dem der Mentor so zur Seite steht, in Zukunft auf die Hilfe anderer weniger angewiesen.

Er ist für andere da, aber drängt sich nicht auf. Er begleitet Menschen, manchmal auch über längere Zeiträume, achtet aber immer darauf, dass diese nicht in seinem Schatten stehen, sondern sich zu eigenständigen Persönlichkeiten entwickeln, die ihr Licht selbst strahlen lassen können.

Er leistet Hilfe, aber nur, wenn diese auch wirklich gewünscht ist. Er ist Coach oder auch Berater und gibt seinen Kunden, Klienten, Partnern oder anderen Menschen, die mit ihm zu tun haben, durch passende Beispiele und zielgerichtete und punktgenaue Fragen Impulse und bringt sie so zum Nachdenken. Oft ist der Mentor der Anstoß für Veränderung.

Werte, Moral und Ethik sind für den Mentor wichtiger als für andere Rollen, ohne allerdings ein Moralapostel zu sein — das wäre eine Wesensart der Retterrolle. Er nimmt diese bewusster wahr als die übrigen Rollen und orientiert sich bewusster an ihnen. Sie stellen nicht nur die Basis seines Handelns dar, sondern er achtet auch darauf, dass Werte, Moral und Ethik auch in seinem Umfeld, in den Gruppen, in denen er sich befindet, als Handlungsgrundlage dienen.

Für Mentoren typische Verhaltensweisen und Aussagen sind:

- Stellt Fragen, statt Antworten zu geben
    - „Und wie siehst du das?“
    - „Und was könnte ich dazu beitragen?“
    - „Und wenn du es doch könntest, wie würdest du vorgehen?“
- Kann um Rat gefragt werden, ohne diesen von sich aus zu geben.
- Gibt Feedback, aber nicht ungefragt.
- Hilft bereitwillig, ohne sich aufzudrängen.

Mentoren kennen die Grenze zwischen Hilfe zu geben, wenn diese gewünscht und benötigt wird und diese ungefragt und unerwünscht aufzudrängen und achten sie sehr genau. Sie wissen von den Potenzialen und Möglichkeiten, die in anderen stecken und vertrauen darauf, dass diese wachsen können.

Die Muse

Wenn es darum geht, Ideen zu produzieren und — auf welche Art und Weise auch immer — Kreativität gefragt ist, dann ist die Muse die richtige Anlaufstelle. Sie ist ein Fundus für Ideen und kreative Lösungsansätze. Wenn der eine Weg versperrt ist, dann fällt es der Muse ganz leicht nicht nur einen, sondern 3 oder ein Dutzend andere zu finden, die zum selben Ziel führen. Dabei könnte es auch sein, dass die Muse auch noch ganz andere Ziele entdeckt, die noch spannender, noch erstrebenswerter scheinen.

Künstler sind in ihren produktiven Schaffensperioden oft in der Rolle der Muse. Während der Macher mit seinen Gedanken sehr oft in der Zukunft ist in Bezug auf, was er erreichen will, ist die Muse vor allem im Hier und Jetzt und genießt das auch. „Carpe Diem" würde ihr Motto lauten, wenn es eines gäbe. Muse und Macher arbeiten sehr gut und vollkommen undramatisch Hand in Hand. Die Muse bringt die Ideen hervor, die der Macher dann umsetzt.

Man sagt, Walt Disney hätte genau diesen Prozess mit sich selbst vollzogen. Als Muse hat er Ideen kreiert, als Macher dann Umsetzungspläne. Als Mentor hat er die Pläne kritisch hinterfragt und deren Schwächen gefunden. Für diese Schwächen hat er als Muse dann wieder kreative Lösungen gefunden und diese an den Macher weitergegeben. Und das hat er so lange gemacht, bis der Mentor keine Schwächen mehr gefunden hat und den Plan dann umgesetzt. Er hat diesen inneren Prozess angeblich sogar externalisiert, indem er in den unterschiedlichen Rollen auch unterschiedliche Arbeitsplätze eingenommen hat. Wie du vermutlich bemerkt hast, hat er dabei die Rollen in der undramatischen Version, IM Uhrzeigersinn, gewechselt.

Für Musen typische Verhaltensweisen und Aussagen sind:

- „Ist das nicht ein herrlicher Tag?“
- Hört gerne Musik und versinkt darin.
- Betrachtet gerne Kunstwerke und ist fasziniert von ihnen.
- Ist kreativ tätig — in welchem Bereich auch immer (das hat nicht nur etwas mit Kunst zu tun).
- Sprudelt ständig über vor Ideen in allen möglichen Bereichen.
- Ist sehr gut, wenn es um Brainstorming geht.

Echte Musen wirken auf andere enorm attraktiv — und das ganz unabhängig von Äußerlichkeiten —, weil sie so gut in etwa sind, dass wir im Grunde unseres Herzens alle wünschen, jeden Augenblick zu leben und jeden einzelnen davon zu genießen.

Von dramatisch zu undramatisch und retour

Wie bereits erwähnt handelt es sich bei all diesen besprochenen Varianten nicht um Menschentypen, die unveränderlich sind, sondern vielmehr um Rollen, in die wir alle immer wieder schlüpfen. Dabei gibt es allerdings bei jedem von uns bevorzugte Rollen, in die wir im Falle aktiver Dramen, in Ruhe- und Schönwetterphasen des Dramas oder auch vollkommen undramatisch automatisch schlüpfen. Wir haben alle diese Energien in uns, allerdings unterschiedlich stark ausgeprägt. Und die grundlegenden Energien sind weder gut noch schlecht, es kommt letztlich darauf an, wozu wir sie verwenden — um Dramen zu stärken oder für produktivere, sinnvollere Zwecke.

Die meisten von uns haben noch nie darüber nachgedacht, ob sie im Dramafall eher zum Täter oder zum Retter werden oder ob — wenn gerade kein Drama läuft — sie als Nörgler und Miesmacher häufig mithelfen, eines zu starten. Warst du dir dessen bewusst, bevor du dieses Buch gelesen hast?

Der Normalfall ist, dass wir ständig wechseln — mal Täter, mal Checker und dann wieder Macher. Ausgelöst werden diese Wechsel durch Dramaeinladungen von anderen, aber auch durch bestimmte Situationen und Rahmenbedingungen. So kippt der eine in die Opferrolle, wenn er im Stau steckt, der andere mutiert zum aggressiven Täter. Je weiter du allerdings in deiner persönlichen Entwicklung in Richtung eines dramafreien Lebens bist, desto häufiger und leichter wird es dir gelingen, in den undramatischen Rollen zu bleiben. Es wird immer seltener geschehen, dass dich eine Dramaeinladung auf dem falschen Fuß erwischt und du dich unbewusst in das Drama hineinziehen lässt. Und wenn es doch passiert, und das wird es immer wieder, wirst du rascher wieder herauskommen und in deine undramatische Rolle zurückfinden.

Zusammenfassung

Jetzt hast du einen Überblick über die unterschiedlichen Dramapositionen im Ruhezustand und in Aktion erhalten sowie die undramatischen Rollen. Hier findest du sie alle nochmal im Überblick.

Schlechtwetter	**Angreifer Täter Verfolger**	**Retter**	**Opfer**
Schönwetter	**Checker**	**Miesmacher Nörgler**	**Diva Star**
transformiert	**Macher**	**Mentor**	**Muse**

Ziel dabei ist es, dass du dadurch Dramaeinladungen als solche leichter und rascher erkennst und ein Stück weit bewusster wahrnimmst. Und der Mangel an Bewusstheit ist, wie wir im ersten Teil bereits besprochen haben, einer der wesentlichen Gründe für die Entstehung und die Entwicklung von Dramen. Das bedeutet, dadurch dass du die Dramarollen, in die Menschen geschlüpft sind und die damit verbundenen Verhaltensweisen und -muster erkennst, machst du bereits einen wichtigen Schritt zur Reduktion der Dramaenergie.

Und auch, wenn das Erkennen und Bewusstmachen bereits ein sehr wichtiger Schritt in die richtige Richtung ist, ist es nur einer von mehreren Schritten, die du machen kannst, um ein Leben zu führen, in dem Dramen wenig oder gar kein Raum gegeben wird. Und genau um diese Schritte und Möglichkeiten wird es im nun folgenden, dritten und abschließenden Teil des Buches gehen.

Teil 3

DRAMEN VERHINDERN UND AUFLÖSEN

Kann es ein Leben ohne Dramen geben — ganz ohne Dramen? Ich persönlich denke nicht, zumal wir ja auch die bewusste Entscheidung treffen können, das eine oder andere Drama zuzulassen. Vielleicht, weil wir ein anderes Drama damit reduzieren oder ganz verhindern. Vielleicht, weil es uns einen anders gearteten Vorteil bringt. Vielleicht auch einfach zur Unterhaltung — ein Konzept, das schließlich medial hervorragend funktioniert. Das Problem sind nicht so sehr die kleinen, von uns selbst absichtlich herbeigeführten Dramen, sondern viel mehr jene, die uns passieren, jene, die entstehen und wachsen, ohne dass wir das wollen.

Und selbst diese auf Null reduzieren zu wollen, ist vermutlich ein Ziel, das zu vermessen und zu groß ist — eine Latte, die so hoch liegt, dass wir ganz entspannt und ohne uns zu verbiegen darunter durchgehen können. Das soll nicht negativ, demotivierend oder gar frustrierend klingen und ist aus meiner Sicht auch nicht weiter schlimm. Schließlich gibt es im Leben der meisten so viele Dramen, dass es genug Potenzial gibt, diese erheblich zu reduzieren, bevor man auch nur in die Nähe des Nullpunktes kommt. Jedes Drama weniger, ist ein gutes Drama. Jedes Drama, dem weniger Energie zugeführt wird, ist ein Schritt in die richtige Richtung, der es wert ist, gegangen zu werden.

Doch wie soll das gehen? Schließlich sind wir von Dramen umgeben und laufend werden neue Dramaeinladungen ausgesprochen und so an uns herangetragen. Die Dramen der anderen, unserer Partner, Familienmitglieder, Freunde, Nachbarn, Kollegen oder auch die jener Unbekannten, die neben uns im Stau stehen, die Dramen aller, mit denen wir in irgendeiner Form Kontakt haben, dringen permanent in unsere Welt ein.

Auch die Dramen all derer, mit denen wir keinen Kontakt haben, zumindest keinen persönlichen, all der Menschen, die wir überhaupt nicht kennen, werden über die Medien an uns herangetragen. Und sie tun das, was Dramen tun müssen, das, was die Grundlage ihrer Existenz ausmacht und sie am Leben erhält und wachsen lässt: Sie versuchen Aufmerksamkeit und Anhänger zu erhalten und so Energie zu bekommen.

Was nicht funktioniert

Wenn es nun um die Frage geht, was du konkret tun oder — vielleicht noch besser — lassen kannst, um dramafreier zu leben, werden vermutlich selbst gleich ein paar naheliegende Ideen kommen. Zum Beispiel könntest du versuchen, dich von all den Dramen da draußen abzuschirmen und jeglichen Kontakt zu vermeiden. Dazu müsstest du als vollkommen analoger Einsiedler irgendwo tief in den einsamen Wäldern leben — doch wer will und kann das heutzutage schon.

Wenn du das tun würdest, dann bestünde außerdem die Gefahr, dass das extreme Formen annehmen würde und dass genau daraus ein neues Drama entstünde. Alles, was du versuchst, krampfhaft zu vermeiden, hat sehr gute Chancen, zum Drama zu werden. Vor etwas wegzulaufen ist aus meiner Sicht nur selten eine gute, nachhaltige Lösung. Vielmehr musst du lernen, damit umzugehen und in einer hochgradig dramatischen Welt ein weitgehend dramafreies Leben zu führen.

Und selbst, wenn du das durchziehen und als Einsiedler abgeschottet vom großen Rest der Menschheit ein zurückgezogenes Leben führen würdest, was würde es dir bringen? Es würde dich nicht vor deinen eigenen, inneren Dramen bewahren. Ganz im Gegenteil. In der Stille und Abwesenheit äußerer Dramen haben diese noch viel mehr Raum, sich zu entfalten.

Im Trubel der modernen Welt, wenn es um uns laut ist, wenn ständig irgendwelche Informationen auf uns einprasseln, wir permanent mit irgendetwas oder irgendjemandem beschäftigt sind, schaffen wir es sehr viel leichter, unsere inneren Dramen — zumindest eine Zeit lang — nicht wahrzunehmen, was nicht bedeutet, dass diese nicht da wären. In der Stille, immer dann, wenn wir mit uns selbst allein sind, übernehmen diese ganz schnell das Ruder und melden sich lautstark zu Wort. Erst, wenn du es schaffst, im Trubel, permanent bombardiert mit äußeren Dramaeinladungen sowie auch in der Stille deiner inneren Dramen Herr werden kannst, hast du es wahrhaft geschafft, dramafrei zu leben.

Oder aber du denkst dir: „Was gehen mich eigentlich die Dramen der anderen an? Die sollen ihre Dramen doch selbst lösen und mich damit in Ruhe lassen." Ein nachvollziehbarer Gedanke. Doch die Idee widerspricht der Natur des Dramas. Es will sich schließlich ausbreiten und wachsen und dazu braucht es dich. Und wenn du all die vielen anderen Menschen rund um dich dazu bringen willst, sich zu ändern und so zumindest ein Stück weit dramafreier zu sein — viel Spaß dabei, das wird nicht funktionieren. Das ist ein Kampf gegen Windmühlen. Es war immer schon schwierig bis unmöglich, andere zu ändern — und dennoch werden wir genau das im letzten Abschnitt des Buches versuchen. Das kann jeder nur selbst tun. Schließlich ist es oft schon schwer genug, dich selbst zu ändern. Wie soll das bei anderen funktionieren, auf deren Gedanken du keinen direkten Zugriff hast?

Und falls du meinst, du müsstest gegen all die Dramen kämpfen, um sie zu schwächen und aus deinem Leben zu verbannen, dann wirst du auf diese Art und Weise nur eines schaffen: neue Dramen.

„Fighting for Peace is like f*** for Virginity!"***

... wie es so schön heißt. Der Kampf gegen etwas, damit haben wir uns bei den wichtigsten und häufigsten Gründen für Dramen bereits beschäftigt, ist hervorragender Nährboden für neue Dramen.

Das alles sind Wege, die von vorneherein zum Scheitern verurteilt sind. Der einzige Ansatzpunkt, um die Dramen in deinem Leben zu reduzieren oder auch vollkommen aufzulösen, bist du selbst. Und genau daran werden wir im dritten Teil dieses Buches arbeiten. Es gibt eine Menge Möglichkeiten und Vorgehensweisen, wie du das tun kannst und Strategien, mit deren Hilfe du Schritt für Schritt dein Leben immer dramafreier gestalten wirst.

*****

Dabei gibt es ein paar wenige Grundlagen, die „No-Drama-Prinzipien", mit denen wir uns zuerst beschäftigen werden. Allein nur, daran zu arbeiten hat ausreichend Macht, die Dramen in deinem Leben deutlich zu reduzieren. Eigentlich bräuchtest du nichts anderes, als die paar Gedanken zu verinnerlichen und dein Denken danach auszurichten und dein Leben würde sich — im wahrsten Sinne des Wortes „dramatisch" ändern. Es würde kaum ein Stein auf dem anderen bleiben, nichts wäre wiederzuerkennen — vor allem du selbst nicht. Und das in einem sehr positiven Sinne.

Diese Grundlagen sind zwar vollkommen ausreichend, doch gleichzeitig nicht immer ganz einfach umsetzbar. Deshalb bekommst du im Abschnitt, den ich „No-Drama-Toolbox" nenne, eine Reihe praktischer Denk- und Vorgehensweisen, Tipps und Methoden, die dir im Alltag helfen, an den No-Drama-Prinzipien zu arbeiten und diese mehr und mehr in deinem täglichen Denken und Tun zu verankern.

Am Anfang wird das ein sehr bewusster Vorgang werden, den du ganz gezielt und absichtlich durchführst. Im Lauf der Zeit werden die No-Drama-Prinzipien dann mehr und mehr zum festen und vor allem unbewussten Bestandteil deines Denkens und damit auch deines Handelns werden. Du wirst Dinge automatisch so tun, wirst dich, ohne darüber groß nachzudenken, ohne dass es dir überhaupt auffällt, so verhalten, dass es für Dramen immer schwerer wird, sich Raum in deinem Leben zu verschaffen. Dramaeinladungen, die du bisher vielleicht bereitwillig angenommen hast, werden an dir abperlen und du wirst das nicht einmal mehr mitbekommen. Bis dahin ist es ein Weg, den du beschreiten kannst und auf dem ich dich mittels dieses Buches gerne begleite.

Eine Warnung

Bevor wir uns allerdings daran machen, die Dramen in deinem Leben zu reduzieren, aufzulösen oder erst gar nicht entstehen zu lassen, möchte ich noch ein Wort der Warnung aussprechen oder dich zumindest auf etwas vorbereiten, mit dem du rechnen solltest. Wenn du diesen Weg beschreitest, wird es Menschen geben, die sich über dein verändertes Verhalten wundern, vielleicht sogar davon irritiert sind und das nicht gut finden.

Sie bemerken nach einiger Zeit, dass ihre Dramaeinladungen von dir immer öfter ausgeschlagen oder sogar vollkommen ignoriert werden. Sie sehen, dass sie von dir für ihre Dramen keine Energie mehr zu erwarten haben und das stört, ärgert oder frustriert sie. Bisher warst du immer ein treuer Verbündeter und plötzlich laufen sie ins Leere. Wenn du wenigstens Widerstand bieten würdest, dann könnten sie zumindest daraus noch Energie von dir erhalten. Aber so gar nichts, nicht einmal Widerstand? Das ist das Worst-Case-Szenario für Dramen.

Sie werden versuchen, mit anderen Dramaeinladungen — vor allem aus der Ecke des Miesmachers — an deine Energie zu gelangen: „Na, was sagt unser *Guru* dazu?“, oder „Dass du mich dabei gar nicht unterstützt und mir sogar in den Rücken fällst, das finde ich jetzt auch nicht nett“, oder „Du wirst auch noch darauf kommen, dass die Welt nicht so heil ist, wie du neuerdings tust.“ Das wird eine Zeit lang so gehen.

Die gute Nachricht ist: Wenn du durchhältst und die Dramaeinladungen konsequent nicht annimmst, werden diese Menschen es irgendwann einsehen, dass das bei dir nichts mehr bringt und sich anderen Opfern zuwenden, um an Dramaenergie zu kommen. Sehr oft wird es so sein, dass diese Menschen dann weitgehend oder auch vollständig aus deinem Leben verschwinden. Und das mag bisweilen trotz allem schmerzhaft sein, vor allem dann, wenn es enge und lang bestehende Beziehungen waren, aber du wirst bemerken, dass es letztlich gut so ist — für dich in jedem Fall. Was hast du von einer Beziehung zu jemandem, die hauptsächlich von Dramaenergie gespeist wird und deren einziger Kitt Dramen sind?

Doch — und das ist besonders interessant — hast du diese Art Widerstände nicht nur im Außen zu erwarten. Auch im Innen von deinen unterschiedlichen Persönlichkeitsanteilen solltest du mit dem einen oder anderen Einspruch oder sogar mit massiven Hürden, die du dir selbst stellst, rechnen. Genauso wie die Menschen im Außen, fürchten einige deiner Persönlichkeitsanteile, an Bedeutung zu verlieren und in Zukunft vielleicht gar nicht mehr gebraucht zu werden. Wo wäre ihre Existenzberechtigung, wenn es keine Dramen mehr gibt? Womit sollten Sie sich stattdessen beschäftigen?

Im Prinzip kannst du deine verschiedenen Persönlichkeitsteile wie andere Menschen betrachten, nur eben solche, die sich in dir befinden. Und doch gibt es einen wesentlichen Unterschied zwischen ihnen und den Menschen im Außen, die dir Widerstände entgegenbringen oder Dramaeinladungen an dich schicken. Die Absicht dahinter ist eine unterschiedliche. Die Menschen im Außen tun es, um sich selbst besser zu fühlen. Deine verschiedenen Persönlichkeitsteile verhalten sich so, damit es dir besser geht. Man könnte sagen, dass das Ziel, die Absicht hinter dem Verhalten deiner inneren Anteile zwar positiv zu bewerten ist, der Weg und die Mittel allerdings kontraproduktiv sind.

Das heißt: Wenn du dich veränderst — und das wirst du sogar sehr stark tun, wenn du diesen Weg beschreitest — dann wird sich mit dir dein Umfeld, die Menschen, die Situationen, die Ereignisse und einfach alles verändern. Das ist quasi ein Naturgesetz und das ist gut so.

No-Drama-Prinzipien

Was sind nun diese No-Drama-Prinzipien, die die Macht haben, dein Leben zu transformieren und Dramen Schritt für Schritt daraus zu verbannen?

No-Drama-Prinzip #1 – Von innen nach außen

Wie bereits erwähnt ist der Ursprung aller Dramen im Innen, genauer gesagt zwischen den Ohren, im Gehirn, dort, wo sich das Denken abspielt. Noch genauer gesagt, in deinem Innen. Natürlich gilt das für jede Leserin und jeden Leser gleichermaßen. Doch es geht um dein Denken und nicht um das der Anderen. Diese ändern zu wollen, darüber haben wir bereits gesprochen, ist verschwendete Energie. Kümmere dich um dein Denken und deine Dramen. Damit hast du mehr als genug zu tun, würde ich vermuten. Das Denken der Anderen geht dich nichts an.

Warum ist das Innen so wichtig, wo sich doch so viele Dramen auch im Außen abspielen? Ganz einfach: Es gäbe keine, gar keine, überhaupt keine Dramen im Außen, wenn es keine im Innen gäbe. „Moment Mal, nur weil mein Inneres dramafrei ist, heißt das ja nicht, dass es keine Naturkatastrophen, Kriege oder andere dramatische Zustände und Vorkommnisse in der Welt gibt!?" Das ist ein Gedanke, mit dem ich oft konfrontiert werde. Die Antwort darauf fällt differenziert aus, das heißt, man muss ein paar Dinge unterscheiden.

Zu den Naturkatastrophen: Die wird es vermutlich immer geben, egal wie dramafrei du bist oder wie die Welt auch sein möge. Und solche Katastrophen wie Überschwemmungen, Großbrände, Dürren, Erdbeben etc. sind schlimm, furchtbar bisweilen. Doch eines sind sie nicht: Dramen. Sie sind ein häufiger Ausgangspunkt für Dramen aller Art, doch sie selbst sind keine Dramen. Wenn ein Fluss über die Ufer tritt und etwa die Innenstadt, in der du wohnst, überflutet und zwar keine Menschen direkt zu Schaden kommen, aber das Wasser doch ihre Häuser zerstört und große Schäden anrichtet, dann ist das definitiv schlecht, aber es ist kein Drama.

„Ein Drama ist nicht das, was ist, sondern das, was wir daraus machen.“

Das was ist, ist niemals das Drama, wie schlimm es auch sein mag. Das Drama ist immer nur das, was wir daraus machen. Der physische Schaden in unserem Beispiel ist definitiv groß genug und doch ist er meist nichts im Vergleich zu dem Schaden, den die Dramen in diesem Fall anrichten. Dieser Schaden ist sehr viel größer und auch sehr viel nachhaltiger und er wirkt sehr viel länger. Oft sind die Schäden einer solchen Katastrophe schon lange repariert, von außen ist nichts mehr zu sehen und alles ist vielleicht sogar schöner und besser als es vorher war, während die Dramen immer noch existieren. Sie verlieren zwar meist an Kraft im Lauf der Zeit — zumindest jene in unserem Beispiel — doch sie verschwinden nur sehr langsam.

Es braucht manchmal Generationen, bis so ein Drama vollkommen ausgelöscht ist. Immer noch erzählt man sich von der großen Überschwemmung, die die Großeltern Hab und Gut gekostet und sie aus ihrem Haus vertrieben hat. Doch wozu eigentlich? Hilft das den Großeltern, die nebenbei gesagt gar nicht mehr leben? Hilft das der Generation, die jetzt in diesem Haus wohnt? Hilft das irgendjemandem? Können vielleicht zukünftige Überschwemmungen dadurch verhindert werden? Ich denke, du kannst dir diese Fragen selbst beantworten. Und doch wird diesem alten Drama immer noch ein klein wenig Energie zugeführt.

Und wenn es ein brandneues Drama ist? Das Haus ist gerade eben überflutet worden und die Familie, die darin wohnt, muss es Hals über Kopf verlassen. Schlimm? Ja. Doch auch wenn die Katastrophe so brandaktuell und die physischen Schäden groß und sichtbar sind, können wir uns dieselben Fragen stellen: Wem hilft es, daraus mehr zu machen als es ist? Ein überflutetes Haus — nicht mehr, aber auch nicht weniger. Möglicherweise denkst du jetzt, es wäre kaltherzig, sogar grausam, diese Katastrophe herunterzuspielen. Das mache ich nicht. Es ist, was es ist. Grausam ist es, mehr daraus zu machen — ein Drama und so das Leid zu vervielfachen und weit in die Zukunft zu erstrecken.

Und dieses Drama entsteht auch bei einem zu 100 % externen Ereignis, einem, an dem ausschließlich die Naturgewalten Schuld tragen — zumindest nehmen wir das für unser Beispiel an — nicht im Außen, sondern immer nur im Innen. Und dieses innere Drama wird natürlich rasch nach außen getragen. Die Nachricht verbreitet sich in Windeseile: „Hast du das schon gehört? Hubers mussten in der Nacht ihr Haus verlassen!“ Etwas, das gerne, sehr gerne weitererzählt wird. Etwas, das natürlich ein gefundenes Fressen für die Medien ist, die Aufmerksamkeit auf dieses Drama lenken und so die Energie, die ihm zufließt, vertausendfachen und aus einem persönlichen, inneren Drama ein großes, bundesweites, manchmal sogar weltweites machen.

Diese Dramen im Außen würden niemals entstehen, wenn es zuvor kein inneres Drama gäbe. Das gilt sowohl für die kleinen als auch für die ganz großen Dramen. Wie wäre das mit Streit zwischen zwei Menschen? Niemand würde streiten, wenn keine der Streitparteien ein inneres Drama hätte. Wie wäre das mit so etwas Furchtbarem wie Krieg? Wenn es keine inneren Dramen bei den Menschen gäbe, vor allem nicht bei denen, die das Sagen haben und die Befehle erteilen, gäbe es keine Kriege. Es würde schlichtweg niemand hingehen.

„Stell dir vor, es ist Krieg und keiner geht hin!"

Carl Sandburg

Auf Alltägliches heruntergebrochen bedeutet das: Niemand kann dich ärgern, wenn du es nicht zulässt. Keine Situation kann dich frustrieren, wenn du das nicht gestattest. Keine Umstände können dich bedrücken oder dir Angst machen, wenn du ihnen keine Energie gibst. All das ist nur dann möglich, wenn du die Dramaeinladung annimmst, die dir präsentiert wird.

Und weil das so ist, weil alle Dramen im Inneren ihren Ursprung haben, liegt auch dort der Schlüssel zu ihrer Lösung. Wenn du die Dramen in deinem Leben schwächen oder ganz auflösen willst, dann musst du zuerst auf und vor allem in dich schauen — auf die Dramen in dir und diese lösen. Wenn du die Dramen in dir löst, dann werden die Dramen im Außen ebenso aus deinem Leben verschwinden. Das Außen mit all seinen Dramen ist nur ein Spiegelbild deines Innenlebens. Das, was sich im Außen abspielt, lässt Rückschlüsse darauf zu, was in dir drin vorgeht.

No-Drama-Prinzip #2 – Wer die Schuld hat, hat die Macht

Du hast einen Termin — und wie das eben so passiert, kommst du zu spät. Nicht so schlimm, nur 10 Minuten. Ohne dass dir jemand einen Vorwurf gemacht hätte, ENT-SCHULD-IGST du dich. „Tut mir leid. Ich bin im Verkehr stecken geblieben." Eine Situation, wie wir sie vermutlich alle schon oft erlebt haben, beruflich wie privat. Ganz selbstverständlich trägt der Verkehr die Schuld an der Verspätung und ganz selbstverständlich wird das ohne Einwände akzeptiert. Jeder weiß, dass der Verkehr furchtbar ist und jeder ist selbst bereits öfter in derselben Situation gewesen.

Es geschieht etwas und jemand muss daran Schuld sein. Irgendjemand. Aber wer? Die Antwort hängt ganz davon ab, wen du fragst. Fragst du A dann trägt B die Schuld. Fragst du B dann C oder A. Fragst du C dann A, B, D und F. Oder aber es waren die Umstände, der Verkehr, das Wetter oder die Politik. Schuldige gehen uns selten aus. Es sind meist alle anderen oder es ist alles andere schuld nur einer nicht: wir selbst. Doch warum eigentlich nicht?

Klar, weil es unangenehm ist schuldig zu sein. Ich meine, wer hat allen Ernstes gerne Schuld, woran auch immer? Und obwohl es unangenehm ist, ist die Alternative — zumindest aus meiner Sicht — noch sehr viel unangenehmer. Warum? Wer die Schuld trägt, ist verantwortlich für etwas und wer die Verantwortung hat, hat auch die Macht. Oder einfach gesagt:

„Wer die Schuld hat, hat auch die Macht."

Die Macht, etwas zu ändern, woran auch immer. Und wenn du die Schuld an jemand anderen oder an niemand bestimmten abgibst, sondern bloß den Umständen, dann gibst du diesen auch die Macht. Du selbst bist machtlos, ohnmächtig, ein Opfer ohne Möglichkeiten, irgendetwas zu ändern und zu beeinflussen. Den anderen oder den Umständen vollkommen hilflos ausgeliefert.

Doch wie fühlt sich das an, Opfer zu sein — dem Verkehr, dem B und dem C, dem Wetter oder auch nur dem Wecker, der seine Pflicht nicht erfüllt hat, ausgeliefert zu sein? Ich weiß nicht, wie es dir geht, aber für mich echt bescheiden. Wenn ich es mir aussuchen kann, dann bin ich lieber schuldig und verantwortlich als ein hilfloses, machtloses Opfer zu sein.

Denn nur, wenn ich die Macht in meinen eigenen Händen behalte , kann ich etwas ändern, irgendetwas. Nur dann kann ich daran arbeiten, dass die Dramen in meinem Leben tendenziell weniger werden. Ansonsten bin ich dem Verkehrsdrama, dem Wetterdrama oder auch dem „Ich-werde-unter-meinem-Wert-bezahlt-Drama" hilflos ausgeliefert. Auf Gedeih und Verderb und kann nur hoffen und warten, dass mich irgendjemand rettet. Dass das Wetter schöner wird, dass weniger Autos auf der Straße sind und keine Unfälle passieren und dass mein Chef endlich sieht, wie viel ich wert bin und mir mehr bezahlt.

Das Spannende ist allerdings, dass es Fälle gibt, vereinzelte, wo wir die Verantwortung behalten und auch die Macht. Was, wenn du zum Beispiel nicht zu einem Meeting musst oder zu einem Treffen mit einem Freund, sondern zum Beispiel zum Flughafen, weil das Flugzeug, das dich an dein Urlaubsziel auf die Malediven bringt, in 3 Stunden abhebt und keinerlei Rücksicht nimmt auf das Wetter, den Verkehr oder deine sonstigen Befindlichkeiten. Es fliegt, wenn es sein muss, auch ohne dich. Das sind die Fälle, wo wir trotz Verkehr dann rechtzeitig am Flughafen ankommen. Warum? Weil wir die Verantwortung dafür übernommen haben. Statt uns und andere anzulügen und ihnen und uns selbst Bullshit zu erzählen, sind wir einfach früher losgefahren. Schließlich wissen wir, dass der Verkehr heftig sein kann. Das ist nichts Neues.

Und genau diese Art der Verantwortung braucht es in Bezug auf deine Dramen — sowohl die im Innen als auch die im Außen. Solange du dir und auch anderen Geschichten erzählst, die belegen, dass du nicht schuld bist, sondern all die anderen ständig ihre Dramen in deine Welt tragen, wird das nichts mit dem Leben ohne Drama — versprochen.

„Schuld und Macht gibt es nur im Doppelpack.“

Wer die Schuld hat, hat die Macht. Diese beiden gibt es nicht einzeln. Nur im Doppelpack.

„Ja, gut, da ist etwas dran. Früher wegfahren, ok das bekomme ich hin. Dafür kann ich die Schuld und Verantwortung übernehmen. Doch was ist mit all den Dingen, die außerhalb meiner Kontrolle sind, egal wie sehr ich mich auch bemühe?“ Das ist eine gute Frage, die uns zum nächsten No-Drama-Prinzip bringt.

No-Drama-Prinzip #3 – Du hast immer die Wahl

Man könnte das Leben auch als eine Abfolge von Reizen und den Reaktionen darauf sehen. Ein Reiz kann dabei alles sein. Es regnet, die Frau vor dir in der Schlange an der Kasse im Supermarkt dreht sich um und sagt irgendetwas zu dir, du stolperst und fällst hin, du liest einen Post auf Facebook, du steckst dir ein Stück Schokolade in den Mund — wir sind permanent unendlich vielen Reizen ausgesetzt. Und viele dieser Reize, auch wenn sie noch so harmlos aussehen, sind auch Dramaeinladungen, die eine Person oder — so man möchte — auch das Leben ganz generell an uns aussendet — in der Hoffnung, dass wir diese annehmen.

Und — vorausgesetzt wir nehmen diese auf irgendeine Weise, bewusst oder auch unbewusst, wahr — reagieren wir darauf. Meistens tun wir das automatisch, unbewusst, ohne darüber nachzudenken. Und das ist grundsätzlich auch gut so. Es wäre schlicht unmöglich, auf jeden Reiz bewusst und ganz gezielt zu reagieren. In manchen Situationen wäre unser Verstand auch viel zu langsam, um bewusst auf einen Reiz zu reagieren.

Im Straßenverkehr zum Beispiel können Sekundenbruchteile entscheidend sein und den Unterschied zwischen Leben und Tod ausmachen. Es gibt auch Situationen, in denen die Menge an Informationen und daraus folgende Handlungen so groß ist, dass unser bewusster Verstand mit der Bearbeitung auch schlichtweg überfordert wäre. Oft — wie beim Autofahren etwa — sind das dieselben Situationen. Wenn du darüber nachdenken würdest, was du beim Autofahren so alles machst, dann wird dir das klar.

Denk zurück an deine erste Fahrstunde, in der jeder Handgriff beim Fahren, jeder Tritt aufs Pedal noch sehr überlegt war. Wie schwierig, anstrengend und fordernd war das im Vergleich zu jetzt, wo du dich einfach ins Auto setzt, startest und losfährst, ohne auch nur eine Sekunde darüber nachzudenken, was du so alles machen musst, um dein Fahrzeug mit schwindelerregender Geschwindigkeit durch den dichten Verkehr zu manövrieren. Es ist schon erstaunlich, was wir so alles können, ohne groß darüber nachzudenken.

In sehr vielen anderen Fällen jedoch sind jedoch weder Geschwindigkeit der Reaktion noch eine besonders hohe Verarbeitungskapazität von Informationen in Form von Reizen notwendig, um eine

Situation erfolgreich zu bewältigen. Ganz im Gegenteil wäre es in vielen Fällen hilfreich, die Geschwindigkeit, mit der wir auf einen Reiz reagieren, zu drosseln. Dann haben wir nämlich auch die Möglichkeit, in der Abfolge von Reiz und Reaktion etwas wahrzunehmen, was uns bisher entgangen war, etwas, das wir übersehen oder auch wieder vergessen haben. Es handelt sich um etwas Kleines, aber unglaublich Wichtiges, Entscheidendes sogar, vor allem, wenn es um Dramen geht.

„Was soll das bloß sein?", fragst du dich vielleicht? „Und warum labert er so lange darum herum?" Was es ist, kommt sofort und ich widme dem deshalb so viele Worte, damit es eben nicht wieder übersehen wird. Es ist: NICHTS — zumindest nichts Physisches. Oder vielleicht besser gesagt: Es ist der Zwischenraum, der zwischen Reiz und Reaktion liegt. „Was? Der Zwischenraum? Und deshalb der ganze Zirkus?" Ja, und der „Zirkus", den ich darum mache, ist durchaus angebracht und mehr noch, wie dir gleich klar werden wird.

Diesen Zwischenraum (eigentlich eine Zwischenzeit), der Bruchteile von Sekunden oder auch Stunden, Tage oder Wochen lang sein kann, kann nämlich von dir genutzt werden. Du kannst ihn füllen mit Gedanken darüber, wie du auf einen Reiz reagierst, statt auf Knopfdruck automatisch und unbewusst zu reagieren. Anders als bei automatischen Reaktionen auf Reize hast du die Wahl, wie du reagierst. Und diese Wahl gibt dir etwas unglaublich Wichtiges, sie gibt dir die Freiheit, dich zu entscheiden.

***„Eine der letzten menschlichen Freiheiten ist,
seine Einstellung, unter welchen Umständen auch immer,
frei wählen zu können
und einen eigenen Weg wählen zu können."***

Viktor Frankl

Es ist die Freiheit, nach Viktor Frankl eine der letzten Freiheiten, die wir haben, die es uns ermöglicht, in jeder Situation zu wählen, wie unsere Reaktion darauf ausfällt.

Bleiben wir bei dem einfachen Beispiel — es staut und du steckst mittendrin. Kein Vor- und erst recht kein Zurück ist möglich. Nichts geht weiter. Wie reagierst du? Viele derer, die mit dir in der Blechlawine, die ins Stocken geraten ist, stecken, ärgern sich, sind frustriert, wütend und gelangweilt. Die Bandbreite der möglichen Emotionen, die daraus entstehen, ist allerdings meist recht einseitig. Kurz gesagt: Man fühlt sich schlecht. Doch muss das so sein?

Der Stau ist der Stau. Welches Gefühl daraus in dir entsteht, ist nicht von vorneherein festgelegt. Nur weil die meisten keine Staus mögen, heißt das nicht, dass das so sein muss. Zwischen dem Reiz, dem Stau und deiner Reaktion liegt genau dieser Zwischenraum, in dem du die Entscheidung treffen kannst, wie deine Reaktion ausfällt.

Du kannst dich darüber ärgern, dir Vorwürfe machen, dass du keinen anderen Weg genommen hast oder zu einer anderen Zeit, früher losgefahren bist. Du kannst auch Schuldgefühle aufkommen lassen, weil du zu spät kommen wirst. Es könnte dir auch peinlich sein oder aber du bist wütend, auf all die anderen Idioten, die nicht Autofahren können und Unfälle verursachen, die dann zu solchen Staus führen. Das Drama freut sich und klatscht in seine virtuellen Hände — Fütterungszeit.

Du könntest aber auch eine andere Entscheidung in dem Zwischenraum treffen, in dem du die Freiheit der Wahl hast. Du könntest zum Beispiel froh sein über die erzwungene Pause, die du dir ansonsten ohnehin nicht genommen hättest. Du könntest es als Möglichkeit sehen, in aller Ruhe — denn niemand stört dich hier, wenn du dein Telefon ausschaltest — ein wenig in einem spannenden Buch zu lesen oder entspannende Musik zu hören. Du könntest genauso gut dankbar sein, dass es nicht du bist, der den Unfall verursacht hat und dass es dir gut geht. Wenn das kein Grund zur Freude ist, dann weiß ich auch nicht weiter. All diese Reaktionen sind möglich. Es ist allein deine Entscheidung, welche du wählst und wie du dich fühlen willst.

Wenn du automatisch mit negativen Gefühlen reagierst, dann gibst du dem Stau die Macht über dich und deinen Zustand. Du bist ihm hilflos ausgeliefert. Ein Opfer. Willst du das? Ich nicht, aber es ist deine Sache, auch das ist deine Entscheidung.

Der Zwischenraum zwischen Reiz und Reaktion tut noch etwas: Er nimmt dir die Ausreden weg. Zumindest wenn du einigermaßen ehrlich zu dir selbst bist. Und natürlich kannst du dich auch immer noch dafür entscheiden, dich zu ärgern. Aber dann ist das deine Wahl. Triff sie und steh dazu. Hör auf zu lügen und dir Stories zu erzählen wie: „Na bei so einem Stau, da muss ich mich ja ärgern." Du kannst, müssen tust du nicht. Wenn du musst, hast du keine Wahl, doch die hast du — immer. Und wenn du deine Entscheidung nicht triffst, dann wird sie für dich getroffen — unbewusst.

Das heißt aber auch — und ich weiß, das klingt immer noch ziemlich hart —, was immer im Außen geschieht, ist kein Drama. Das Drama entsteht erst durch deine Entscheidung, durch deine Reaktion darauf. Und dass es einfacher ist, sich über einen Stau zu freuen — und das ist für die meisten bereits ein Ding der Unmöglichkeit — als darüber, dass dein Haus unter Wasser steht, ist klar. Und doch ändert es nichts an der Tatsache: Das Drama entsteht erst durch deine Reaktion. Wenn du es also vermeiden oder auflösen willst, wähle eine Reaktion, die es nicht nährt. Dabei muss es noch nicht einmal die Freude sein, die du wählst. Auch ein neutraler Zustand führt bereits dazu, dass dem Drama keine Energie zufließt. Und ein neutraler, gelassener Zustand ist in vielen Fällen sehr viel leichter zu erreichen als Freude.

Doch diese Wahl zu treffen fällt uns oft schwer. Warum? Weil der Zwischenraum so klein ist und die Entscheidung meist bereits für uns getroffen wurde, bevor wir das überhaupt mitbekommen. Wir haben den Moment verpasst, schon wieder. Und das Seltsame und gleichzeitig sehr Kontraproduktive ist, dass die automatischen Entscheidungen sehr viel öfter solche sind, die Dramen auslösen und nähren. Kaum jemand freut sich automatisch, wenn er im Stau steckt, wenn es regnet oder wenn er Geld verliert. Nicht einmal Gelassenheit, die neutrale Mitte zwischen Freude und negativen Gefühlen, ist als automatische, unbewusste Reaktion bei uns hinterlegt. Warum das so ist, dass wir auf derartige Situationen standardmäßig mit negativen Gefühlen reagieren? Keine Ahnung, aber es scheint so zu sein, dass wir Dramaeinladungen aller Arten sehr viel lieber annehmen als ausschlagen.

Doch wie kannst du das ändern, wenn du das möchtest? Wie schaffst du es, den Zwischenraum wahrzunehmen — vielleicht nicht immer, aber immer wieder und immer öfter? Dazu bedarf es vor allem einer Fähigkeit bzw. eines Zustandes: Bewusstheit — was uns zum No-Drama-Prinzip #4 führt.

No-Drama-Prinzip #4 – Bewusstheit stoppt Drama

Was bedeutet Bewusstheit überhaupt? Wir sind die meiste Zeit über unbewusst unterwegs — auf Autopilot sozusagen. Wie bereits erklärt, ergibt das für viele Tätigkeiten des täglichen Lebens sehr viel Sinn. Manches könnten wir ohne Autopilot auch nur sehr schwer oder auch gar nicht schaffen. Und doch gibt es mindestens ebenso viele Tätigkeiten oder Situationen bei bzw. in denen weniger Autopilot und stattdessen mehr Bewusstheit durchaus bereichernd und hilfreich wäre. Ein Fortschritt definitiv, der die Erfahrung bereichert. Ein Beispiel dazu, das gut illustriert, was ich meine.

Wir essen regelmäßig, doch selten bewusst. Die Nahrungsaufnahme ist etwas, das wir — zumindest soweit es weite Teile der Welt betrifft, die ich gut kenne — weitgehend durchführen, ohne dabei ein besonderes Maß an Bewusstheit an den Tag legen. Während des Essens sind wir oft abgelenkt, sehen fern, scrollen durch die Sozialen Medien auf dem Smartphone, unterhalten uns mit anderen, lesen eine Zeitung oder telefonieren sogar. Man könnte sagen, das Einzige, was wir beim Essen nicht tun ist essen. Ja, wir zerkleinern die Nahrung mehr oder weniger gut im Mund und schlucken oder schlingen diese dann hinunter. Dabei bemerken wir aber weder das Kauen noch das Schlucken noch — und das ist das Schlimmste — die Nahrung selbst, ihren Geschmack, ihren Geruch und ihre Konsistenz. Schade eigentlich, denn wir berauben uns so des größten Teils des Genusses, der mit gutem Essen einhergeht.

Doch nicht nur beim Essen verhalten wir uns so unbewusst. Das tun wir auch in etlichen anderen alltäglichen Situationen. Wir sprechen mit anderen und haben währenddessen ständig ein Auge auf die neuesten Facebook Posts oder schreiben sogar Nachrichten. Wir spazieren durch den Wald und hören währenddessen Musik. Nicht einmal das Fernsehen, das an sich schon eine veritable Ablenkung für einen bewussten Zustand ist, ist etwas, das wir bewusst machen. Wir sehen uns einen Film an und stöbern parallel dazu in den Sozialen Medien. Vor allem die Allgegenwärtigkeit des Smartphones hat in den letzten Jahren sehr viel verändert.

Im Zen-Buddhismus gibt es folgende Empfehlung: Wenn wir sitzen, dann sitzen wir. Wenn wir stehen, dann stehen wir. Wenn wir gehen, dann gehen wir. Wenn wir essen, dann essen wir. Und was tun wir stattdessen: Wenn wir sitzen, dann stehen wir bereits. Wenn wir stehen, dann gehen wir bereits. Und wenn wir essen, wie zuvor festgestellt, dann tun wir jede Menge anderer Dinge. Wir sind die meiste Zeit über in der Vergangenheit, in der Zukunft oder zwar im Jetzt, aber bei etwas ganz anderem. Im Hier UND Jetzt sind wir selten. Dieses Multitasking — und das ist in dem Fall keine lobenswerte Fähigkeit — beraubt uns der Bewusstheit.

Dabei will ich weder anklagend noch vorwurfsvoll sein, zumal ich selbst im Glashaus sitze und diesbezüglich gefährdet bin. Und an diesem Ort — wie allgemein bekannt ist — sollte man nicht mit Steinen werfen. Ich möchte nicht darüber klagen, wie schlimm die Welt doch ist und so ein neues Drama erschaffen. Die Welt ist, wie sie ist. Wir verhalten uns so, wie wir uns verhalten. Mir geht es nur darum, das aufzuzeigen und zum Nachdenken anzuregen. Was du daraus machst und ob du überhaupt etwas daraus machst, liegt wie immer ganz bei dir.

Dabei fühlt sich Bewusstheit gut an. Sehr gut sogar. Es ist ein Gefühl der inneren Ruhe, das uns ein Maß der Fokussierung erlaubt, die wir die meiste Zeit über nicht kennen. Und dabei ist es nicht nötig, dass es im Außen ruhig ist. Wir können diese Bewusstheit auch in einer sehr lauten Umgebung empfinden, manchmal gelingt uns das gerade in solchen Situationen besonders gut. Oft sind es vollkommen banale Tätigkeiten, die uns dazu verhelfen. Das Auto gründlich reinigen, außen und innen kann so etwas sein. Monotone Tätigkeiten, die zwar Konzentration erfordern, aber ohne dabei kompliziert oder geistig sonderlich anstrengend zu sein, können Bewusstheit fördern.

Natürlich kann es nicht der Weg sein, ständig sein Auto zu waschen, um mehr Bewusstheit zu erlangen. Vielmehr gilt es, im Alltag nicht immer, aber immer wieder ein höheres Ausmaß an Bewusstheit zu haben, innezuhalten und einfach nur zu 100 % bei dem zu sein, was hier und jetzt gerade ist — Essen gehen, sich unterhalten und dabei alles andere auszublenden.

In der No-Drama-Toolbox findest du einige Übungen, die du in deinen Alltag einbauen kannst und die dir Schritt für Schritt zu mehr Bewusstheit verhelfen.

Und mit einem höheren Maß an Bewusstheit wird dir auch eines gelingen: Du wirst den Zwischenraum zwischen Reiz und Reaktion, diesen kleinen Moment der letzten und allumfassenden Freiheit, öfter wahrnehmen. Denn erst, wenn du ihn wahrnimmst, kannst du ihn füllen und genau dort deine Entscheidung darüber treffen, welche Reaktion du dem Reiz folgen lässt. Dann hast du die Macht, zu wählen und selbst zu bestimmen, was du aus der Situation machst, mit der du gerade konfrontiert bist. Du hast die Wahl, ob du die Dramaeinladung annimmst, diese dankend ablehnst oder sie einfach ignorierst und an dir vorüberziehen lässt.

No-Drama-Prinzip #5 – Ohne Wichtigkeit kein Drama

In dem Zwischenraum deiner Wahlfreiheit triffst du nicht nur die Entscheidung, wie du reagierst und wie du dich als Reaktion auf den Reiz fühlst, sondern auch noch über etwas anderes. Du entscheidest, wie wichtig das, womit du da gerade konfrontiert wirst, für dich ist. Wichtigkeit bzw. Bedeutung ist nicht etwas — wie man glauben könnte —, das Menschen, Dingen oder Situationen fix zugeordnet ist. Nichts ist grundsätzlich wichtig. Gar nichts. Bedeutung ist immer nur etwas, das du einem Menschen, seinem Verhalten, deinem eigenen Verhalten, einer Situation oder auch bestimmten Umständen verleihst.

Und wenn du etwas verleihst, dann kannst du diese Leihgabe auch wieder zurückfordern. Du kannst auch entscheiden, die Bedeutung in dem einen oder anderen Fall gar nicht zu verleihen. Oder aber du gibst jemandem mehr davon. Du hast die Macht. Es ist einzig und allein deine Entscheidung.

Und ich verleihe der Bedeutung selbst hier Wichtigkeit, indem ich behaupte: Ohne Bedeutung kein Drama. Ein Drama auslösen oder wachsen lassen kann immer nur etwas, dem du Wichtigkeit gibst. Je mehr Wichtigkeit, desto größer das Dramapotenzial.

Nun ist es so, dass wir in unserem weitgehend unbewussten Alltagszustand sehr vielem sehr viel Wichtigkeit und Bedeutung geben. Viel zu vielem und viel zu viel. Was ist nicht alles wichtig?

Wenn wir uns so beobachten und zuhören an einem ganz normalen Tag, an dem nichts Besonderes geschehen ist, könnte man meinen, fast alles. Zumindest wenn wir es daran messen, woraus Dramen entstehen. Manchmal nur kleine, aber doch Dramen — und die wollen alle wachsen.

- Die Kaffeetasse, die nicht in die Spüle gestellt wurde — wichtig!
- Die Tatsache, dass sich unser Gesprächspartner um 10 Minuten verspätet und uns warten lässt — wichtig!
- Die Milch, die ausgegangen ist und so verhindert, dass wir unseren Kaffee nicht trinken können — wichtig!
- Der Vulkan, der am anderen Ende der Welt ausgebrochen ist und Menschen getötet und vertrieben hat — wichtig!
- Der Nachbar, der immer ganz demonstrativ den Gang auch vor deiner Türe kehrt — wichtig!

Diese Liste ließe sich noch sehr lange fortsetzen. Indem wir gedankenlos alles Mögliche mit dem Aufkleber „wichtig" versehen, geben wir einen guten Teil unserer eben erworbenen Macht wieder ab. Das Wichtige, das Bedeutende hat mehr Macht über uns. Mit den wichtigen Menschen und den bedeutenden Situationen gehen wir ganz anders um, als wenn ihnen diese Bedeutung fehlen würde. Energie fließt dorthin, wo Bedeutung ist. Und Energie nährt Dramen.

Das heißt aber auch: Die Wichtigkeit, die Bedeutung, entscheidet als einzelner Faktor über die Menge und das Ausmaß der Dramen in deiner Welt. Du kannst es dir wie einen Dreh- oder Schieberegler auf einem elektronischen Schaltpult vorstellen, wie die, mit denen du die Lautstärke beim Radio größer oder kleiner machst. Und wenn du die Wichtigkeit stärker aufdrehst, dann fließt den Dramen mehr Energie zu. Wenn du sie zurückdrehst, weniger. Und wenn du es schaffen würdest, diesen Regler ganz auf Null zu drehen? Dann gäbe es keinerlei Dramen in deinem Leben.

Dabei behaupte ich nicht, dass das immer leicht ist, immer einfach. Selbst, wenn du erkannt hast, dass du manchen Dingen zu viel Bedeutung gibst, heißt das noch lange nicht, dass es dir sofort gelingt, diese zu reduzieren. Zu stark ist die Gewohnheit. Hunderte Male hast du dieser Sache Wichtigkeit gegeben. Ihr diese beim 101. Mal vollkommen zu entziehen, ist eine große Hürde. Deshalb ist der Regler auch so praktisch. Wenn es ein An- und Ausschalter wäre, der die Bedeutung steuert, dann gäbe es nur die Wahl zwischen totaler und keiner Bedeutung. Doch es ist ein Regler, mit dem du die Bedeutung schrittweise reduzieren kannst, wenn du das möchtest. Dieses Mal weniger als letztes Mal und beim nächsten Mal noch ein bisschen weniger. Ganz abhängig von der Situation und von etwas Anderem. Etwas, das du auch hierfür dringend benötigst: Bewusstheit.

Ohne Bewusstheit wirst du nicht erkennen, dass du jemandem oder etwas zu viel Bedeutung verleihst. Du wirst es einfach tun und es überhaupt nicht mitbekommen, weil die Automatismen einspringen und das Maß an Bedeutung regulieren. Und viel zu oft drehen sie den Regler voll auf, obwohl eine deutlich geringere Lautstärke angemessen wäre.

„Doch gibt es nicht Menschen und Situationen, die von Natur aus wichtig und bedeutend für mich sind?“, könntest du dich oder mich fragen. Wenn du dir diese Frage genauer ansiehst, dann stecken da zwei Worte drin, die hohe Aussagekraft haben: für mich. Dieses für mich zeigt bereits, dass nichts für alle bedeutend ist. Was für dich wichtig sein mag, ist es für alle anderen nicht unbedingt.

Der erwähnte Vulkanausbruch mag für die dort lebenden Menschen wichtig sein, aber für dich hier, tausende Kilometer entfernt? Gerade in solchen Fällen helfen die Medien stark mit, die Wichtigkeit zu erhöhen. Sie drehen den Lautstärkeregler so weit auf, dass auch wir hier, am anderen Ende der Welt mitbekommen, wie wichtig das ist. Dass aus so einem Vulkanausbruch Dramen entstehen, ist nachvollziehbar, verständlich — dort, wo der Ausbruch stattfand. Doch hier? Wie man sieht, kennen Dramen keine geografischen Grenzen, schon lange nicht mehr und holen sich ihre Energie, wo auch immer sie diese bekommen.

Was bedeutet das jetzt? Soll dir alles egal sein? Alles unwichtig? Das kann ich dir nicht beantworten. Wenn du das so entscheidest, dann ja. Wenn nicht, dann wird es auch weiterhin Dinge in deinem Leben geben, die ein gewisses Maß an Wichtigkeit und Bedeutung für dich haben. Und das ist — aus meiner Sicht — absolut in Ordnung so, solange du deine Hand auf dem Regler behältst und die Lautstärke und damit die Wichtigkeit ganz bewusst regulierst. Solange du die Entscheidung triffst, denn du hast die Wahl.

Wenn wir uns vorstellen würden, dass allem, was in unserem Leben Bedeutung hat, ein Regler auf einem riesigen Mischpult zugeordnet sein könnte, dann bist du diejenige bzw. derjenige, der davorsteht und diese Regler so einstellt, dass der Sound, der dabei herauskommt, sich für dich angenehm anfühlt. Und wenn ich dir dazu noch eine Idee mitgeben darf, so könntest du dich fragen, ob nicht viele der Regler viel zu weit aufgedreht sind.

No-Drama-Prinzip #6 – Die Menschen dort abholen, wo sie sind

Wenn du die Dramen in deinem Leben reduzieren willst, dann geht es letztlich immer um Veränderung — im Außen oder Innen. Entweder du veränderst dein Umfeld und trennst dich von bestimmten Menschen oder meidest dramalastige Situationen. Oder aber du versuchst, dich oder andere Menschen zu beeinflussen und dazu zu bewegen, sich zu verändern und Dramaenergie zu reduzieren.

Doch das Verändern — bei uns selbst wie bei anderen auch — ist meist nicht so einfach. Zu denken oder sagen „Lass das und mach das stattdessen so“ funktioniert in den seltensten Fällen. Damit würdest du Widerstand leisten gegen den aktuellen Zustand. Und Widerstand ist einer der wesentlichen Auslöser und Verstärker für Dramen. Durch deine Nicht-Akzeptanz der aktuellen Situation, der Handlungen anderer oder auch deiner eigenen Denkweisen würdest du das Drama verstärken oder neue, zusätzliche auslösen, statt die Dramaenergie zu reduzieren.

Vielmehr musst du diese Veränderung in 2 Schritten vollziehen. Der erste ist jener, andere Menschen, aber auch dich selbst, dort abzuholen, wo sie sich energetisch und emotional befinden, statt sie dorthin zu „beordern", wo du sie haben möchtest. Das erfordert es, dich in den anderen hineinzuversetzen und ein paar Schritte in seinen Schuhen zu gehen. Damit signalisierst du „Ich verstehe dich" und stellst eine Beziehung her bzw. vertiefst diese. Und diese Beziehung ist die notwendige Basis für eine mögliche Veränderung.

Verhaltenspsychologische Studien zeigen, dass wir Vorschläge und Ideen aller Art am ehesten von Menschen übernehmen, die uns ähnlich sind. So übernehmen Kinder und Jugendliche etwa sehr gerne und rasch die Denk- und Verhaltensweisen anderer aus ihrer Peergroup. Sehr zum Leidwesen der Eltern, denen es nicht annähernd so gut gelingt, ihre Ideen dem Nachwuchs zu vermitteln. Das führt zudem überall zu beobachtenden Phänomen, dass sich Jugendliche sehr ähnlich sind. Sie tragen die gleiche Kleidung, verwenden dieselben Worte und bemühen sich, ihr Aussehen aneinander anzupassen.

Das ist nicht neu, sondern war immer schon so. Offenbar handelt es sich dabei um ein sehr grundlegendes und tiefsitzendes Denk- und Verhaltensmuster. Daher müssen wir es unbedingt berücksichtigen, wenn es um den Umgang mit uns selbst und anderen im Zusammenhang mit Dramen geht.

Die Regel lautet:

- Schritt 1: Die Menschen immer dort abzuholen, wo sie sind.

- Schritt 2: In Richtung des gewünschten Verhaltens oder Denkens führen.

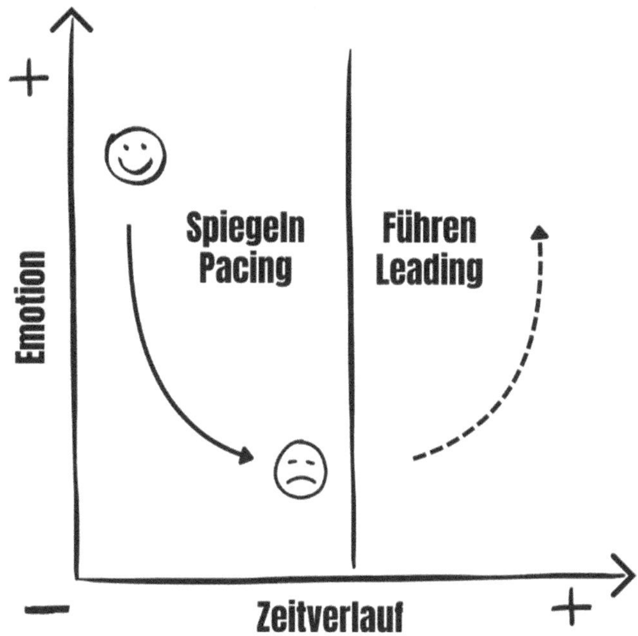

Doch was genau heißt „Dort abholen, wo sie sind?" und wie machst du das in Bezug auf andere Menschen?

Die Technik dahinter nennt sich Spiegeln — Schritt 1. Schritt 2 wird auch als „Führen" oder „Pacing" bezeichnet.

Beim Spiegeln geht es darum, dich den Emotionen des Anderen anzupassen. Und das erreichst du bzw. zeigst du, indem du vor allem die folgenden Faktoren spiegelst:

- die Körperhaltung und Körpersprache, Mimik und Gestik,
- die Stimme und Sprechweise,

- die Sprache und die Ausdrucksweise und
- das Äußere.

Das Spannende ist, dass deine Körperhaltung, deine Stimme und Sprechweise und die Art, wie du dich kleidest, vor allem auf dich selbst einen Einfluss haben. Wenn es dir nicht gut geht, dann drückt sich das in einer bestimmten Körperhaltung aus — hängende Schultern, hängender Kopf, Blick nach unten — deine Stimme wird eher leise und bedrückt wirken und du wirst immer wieder längere Pausen zwischen Worten und Sätzen haben. Du kennst das sicher aus deiner eigenen Erfahrung.

Umgekehrt, wenn du deine Körperhaltung und Stimme in diese Richtung veränderst und „so tust" als ob es dir nicht gut ginge, beeinflusst das deine Emotionen tatsächlich in genau diese Richtung. Das heißt, nicht nur dein emotionaler Zustand zeigt sich im Außen, sondern all diese äußeren Faktoren beeinflussen mindestens ebenso stark deinen emotionalen Zustand.

Wenn du dich daher in diesen Faktoren (oder manchen davon) anpasst, schwingst du dich auf den anderen ein. Und wenn du meinen solltest, das würde dem anderen auffallen oder ihn sogar stören, dann irrst du dich. Wenn du es mit Fingerspitzengefühl machst, fällt es erstens nicht auf und wird zweitens als etwas Angenehmes empfunden. Schließlich schaffst oder verstärkst du damit eine Beziehung und das ist etwas Positives.

Und solltest du jetzt meinen: „Moment mal, steige ich nicht so in das Drama ein?“, lautet die Antwort: „Nein“. Es geht darum, den Blickpunkt des Anderen kennenzulernen und seine Emotionen nachzuempfinden und ihn so zu verstehen, aber nicht darum, ihm Recht zu geben. Du bleibst inhaltlich auf Distanz. Außerdem ist es nicht dein Ziel, in diesem Zustand zu bleiben. Es geht nur darum, den anderen dort abzuholen, um ihn abzuholen und in einen dramafreien Bereich zu führen.

*****

Alle 6 Prinzipen nochmals auf einen Blick:

- No-Drama-Prinzip #1 — Von Innen nach Außen
- No-Drama-Prinzip #2 — Wer die Schuld hat, hat die Macht
- No-Drama-Prinzip #3 — Du hast immer die Wahl
- No-Drama-Prinzip #4 — Bewusstheit stoppt Drama
- No-Drama-Prinzip #5 — Ohne Wichtigkeit kein Drama
- No-Drama-Prinzip #6 — Die Menschen dort abholen, wo sie sind

Diese Prinzipien sind mächtig. In ihnen steckt alle Macht, die du brauchst, die Dramen in deinem Leben zumindest deutlich zu reduzieren und dein Leben vollkommen neu zu gestalten. Doch dadurch, dass sie so mächtig sind, erscheinen sie auch sehr groß. Selbst wenn wir sie akzeptiert und ihre Sinnhaftigkeit und ihren Nutzen erkannt haben, stehen wir bisweilen davor und fragen uns: Und wie soll ich das schaffen? Wie soll ich das in meinem Leben umsetzen? Wo soll ich beginnen?

Wenn dich an dieser Stelle des Buches solche oder ähnliche Gedanken bewegen, dann kann ich dir eines mit Sicherheit sagen: Du bist nicht allein. Sehr vielen anderen geht es genauso. Genau aus diesem Grund findest du im nächsten Abschnitt des Buches die No-Drama-Toolbox, die dir konkrete, praxiserprobte und einfach umsetzbare Tools und Tipps an die Hand gibt, mit denen du die No-Drama-Prinzipien Schritt für Schritt umsetzen kannst und diese mit jedem Tag mehr zum fixen Teil deines Lebens macht.

Um dich dabei noch weiter zu unterstützen, gibt es das Tausche-Drama-gegen-Glück-Workbook (https://www.romankmenta.com/ressourcen-drama). Damit kannst du die Tools und Tipps aus der Toolbox Tag für Tag umsetzen und so echte und spürbare Fortschritte erzielen. Du brauchst dafür nur ein paar Minuten Zeit pro Tag. Das ist sehr gut investierte Zeit, denn damit verdrängst du Ärger, Stress, Frustration, Selbstmitleid und Selbstzweifel und alle sonstigen Dramen, die sich in deiner Welt so abspielen, mehr und mehr aus deinem Leben.

Die No-Drama-Toolbox

Die Toolbox habe ich in verschiedene Bereiche unterteilt, wobei du feststellen wirst, dass sich die einzelnen Tools überschneiden können. Was dir etwa hilft, mehr Bewusstheit zu bekommen, kann dich zum Beispiel auch dabei unterstützen, die Wichtigkeit einer Sache zu reduzieren — oder auch umgekehrt.

Beim Lesen werden dich manche Tools mehr und andere weniger ansprechen und das ist absolut in Ordnung. Arbeite mit den Tools, die dir von Beginn an zusagen. Auf die anderen kannst du später immer noch zurückgreifen, wenn du das möchtest. Du musst keinesfalls mit allen angeführten Tools arbeiten. Du findest in diesem Abschnitt mehr Tools und Ideen als du benötigst. Das ist bewusst so gemacht, damit für jeden die passenden Werkzeuge dabei sind, um die Dramen aus seinem Leben verschwinden zu lassen.

Reprogrammieren: Neue Denk- und Verhaltensmuster aneignen

Über ein Thema, das vermutlich alle Tools in der Toolbox betrifft — und auch noch sehr viele andere Bereiche deines Lebens — müssen wir uns gleich zu Beginn unterhalten. Die Frage: Wie schaffst du es, was immer du davon umsetzen willst, auch tatsächlich umzusetzen?

Obwohl mehr Bewusstheit ein grundlegend wichtiges Thema im Rahmen dieses Buches ist, ist es dennoch das Ziel — so widersprüchlich das klingen mag — bestimmte Denk- und Verhaltensweisen zu automatisieren und so im Unbewussten zu verankern. Der Grund ist einfach der, dass es ein Ding der Unmöglichkeit ist, alles, wirklich alles ganz bewusst zu machen. An unbewussten, automatisierten Verhaltensweisen ist an sich nichts Schlechtes. Das Problem ist nur jenes, dass wir oft die Falschen automatisiert haben und unbewusst ausführen. Wenn du dich automatisch so verhalten würdest, dass die Dramen aus deinem Leben verschwinden, dann wäre das natürlich sehr gut.

Das bedeutet, was du tun musst, wenn du etwas ändern willst, ist die einen Denk- und Handlungsmuster gegen andere, neue, für dich hilfreichere zu ersetzen. Man könnte sagen: Dich zu reprogrammieren und das eine destruktive Programm durch ein anderes, konstruktives ersetzen.

Ich weiß, das klingt ein wenig technisch, trifft es aber sehr gut. Unsere Denk- und Verhaltensmuster sind mit Computerprogrammen durchaus vergleichbar. Wie bei einem Programm folgt auch in unseren Abläufen aus A recht zuverlässig B — wenngleich es ein wenig mehr Spielraum gibt — so hoffe ich — als bei einer Software.

Diese Reprogrammierung erfolgt in 4 Phasen.

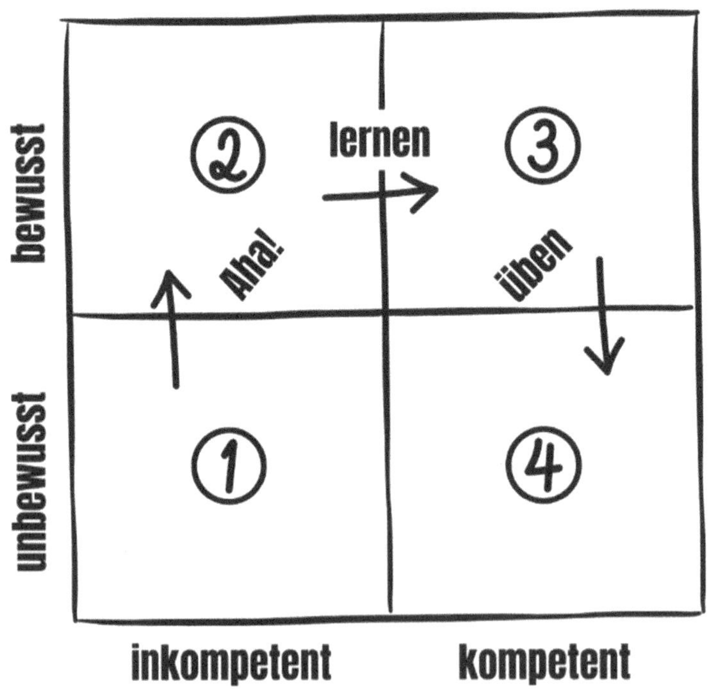

Über die Begriffe bewusst und unbewusst haben wir bereits einige Male gesprochen. Kompetent und inkompetent ist folgendermaßen zu verstehen: Kompetent bedeutet, dass du etwas kannst, inkompetent, dass du etwas nicht kannst. Ein Beispiel dazu.

Phase 1: Unbewusst und inkompetent

Diese Phase könnte man auch mit dem Sprichwort „Was ich nicht weiß, macht mich nicht heiß" sehr treffend beschreiben. In dieser Phase weißt du noch nicht, dass es etwas gibt, und daher kannst du es weder haben wollen noch vermissen.

So gab es vielleicht eine Zeit, lange bevor du dieses Buch gekauft hast, in der du nicht wusstest, welche Bedeutung Bewusstheit für dich haben kann. Du hast dein Leben weitgehend auf Autopilot geführt und es ist dir damit mal besser und mal schlechter gegangen, so wie allen anderen auch. Aber dass das auch mit Bewusstheit zu tun haben könnte, war kein Thema für dich. Dass Bewusstheit etwas sein kann, dass dir hilft, dein Leben von Grund auf zu ändern und sehr viel lebenswerter zu gestalten, war dir nicht bewusst.

Dich zum Beispiel zu ärgern, dass du in bestimmten Situationen zu wenig Bewusstheit an den Tag legst, war kein Thema. Schließlich war dir die Bewusstheit nicht bewusst. Du hast die Bewusstheit nicht vermisst und es ging dir daher — diesbezüglich — gut.

Der Übergang zur Phase 2 wird meistens durch ein Erlebnis eingeleitet, das ein gewisses „Aha“ auslöst, wie zum Beispiel Folgendes.

Phase 2: Bewusst und inkompetent

Irgendwann ist dir vielleicht aufgefallen, dass sich eine Freundin anders verhält. Dass sie sich über gewisse Dinge nicht mehr so sehr ärgert, wie sie es früher immer getan hat. Als du sie darauf ansprichst, erzählt sie dir, dass sie seit einiger Zeit daran arbeitet, mehr Bewusstheit in ihr Leben zu bekommen und dass es ihr damit sehr viel besser geht als davor.

Nachdem das tatsächlich so zu sein scheint, fragst du dich, ob mehr Bewusstheit nicht auch dein Leben verändern und verbessern könnte. Darauf angesprochen empfiehlt sie dir einen Kurs oder ein Buch — vielleicht ja dieses hier —, das ihr sehr geholfen hat.

Du denkst dir vielleicht: „Das will ich auch für mein Leben“, weißt aber noch nicht wie. Du bist dir dieses Wunsches bewusst, fühlst dich aber noch unwissend und inkompetent. Und das frustriert dich vielleicht ein wenig — je nachdem, wie stark dein Wunsch ist. An der Stelle könnte auch ein Drama entstehen.

Und wenn der Wunsch, mehr Bewusstheit zu erlangen, stark genug ist, machst du dich auf den Weg in Phase 3.

Phase 3: Bewusst und kompetent

Diese Phase ist geprägt vom klassischen Lernen. Du liest ein Buch und dann noch ein paar weitere zum Thema Bewusstheit. Du siehst dir Videos dazu an und machst vielleicht auch ein Seminar, das dir hilft, mehr Bewusstheit in dein Leben zu bringen.

Anfangs weißt du noch wenig und schaffst es auch nicht, das Wenige, das du weißt, in deinem Alltag umzusetzen. Es ist noch zu schwierig. Aber du bleibst dran, weil der Wunsch stark genug ist. Und Schritt für Schritt gelingt es dir langsam und immer besser, das eine oder andere umzusetzen, wenn du es ganz bewusst machst, wenn du dich gezielt darauf konzentrierst.

Unbewusst laufen immer noch deine alten Muster ab und das ärgert dich. „Mist, jetzt habe ich das schon wieder getan.“ Dabei hast du eigentlich einen Grund zur Freude, den du nur oft nicht als solchen (an)erkennst: Du hast zwar immer noch Verhaltensmuster, die du ablegen möchtest, aber sie fallen dir auf. Du machst etwas, das du nicht mehr tun willst, und es fällt dir auf. Das bedeutet, dass ein wichtiger Schritt zur Veränderung gemacht ist. Erst, wenn dir solche Dinge auffallen, kannst du etwas daran ändern. Du bist bereits ein gutes Stück des Weges gegangen. Lerne das zu schätzen.

Phase 4: Unbewusst und kompetent

Der Übergang in Phase 4 ist ein meist unspektakulärer, ein gleitender, einer, bei dem du nicht wahrnimmst, wann er erfolgt. Von Phase 3 in Phase 4 kommst du dadurch, dass du die neuen Denk- und Verhaltensmuster übst, indem du daran arbeitest, immer und immer wieder. Zusätzliches Know-how ist nicht mehr nötig. Das hast du dir in Phase 3 bereits angeeignet. Jetzt geht es darum, das

Wissen und all die Theorie in deiner täglichen Praxis umzusetzen. Und das gelingt dir dadurch, dass du es immer wieder tust.

Das Ziel ist es, dass du ganz unbewusst das Richtige machst, das, was du dir vorgenommen hast. Der Weg dahin ist gepflastert mit Übung und Wiederholung. Es ist bei Fähigkeiten wie mehr Bewusstheit, mehr Gelassenheit oder auch die Fähigkeit, Dramaeinladungen öfter abzulehnen, genauso wie mit anderen Fähigkeiten — im Sport etwa, bei künstlerischen Tätigkeiten oder auch beim Erlernen einer Fremdsprache. Dranbleiben und immer wieder tun, ist das Rezept zum Erfolg. Ich weiß, das ist nichts Neues, aber Übung macht den Meister — immer noch.

Geschafft hast du es dann, wenn das Thema, um das es dir ursprünglich ging, gar nicht mehr auf deinem Radar auftaucht, keine gesteigerte Wichtigkeit oder Bedeutung für dich hat. Nicht weil es nicht wichtig und bedeutsam wäre, sondern weil du es wieder automatisiert umsetzt, diesmal allerdings in der veränderten, verbesserten Version. Du machst es unbewusst und du bist gut darin. Und — und das ist das Wichtigste — es geht dir sehr gut damit.

So wie beschrieben laufen alle deine Lern- und Veränderungsprozesse ab, bei denen es darum geht, sich eine neue Fähigkeit, eine neue Gewohnheit anzueignen. Mit diesem Modell kannst du dich selbst immer wieder fragen, in welcher Phase du gerade bist. Und wenn du feststellst, dass du in Phase 2, 3 oder 4 bist, dann freu dich, denn das bedeutet, du bist auf dem Weg. Und wenn du in Phase 1 sein solltest, dann kannst du dir diese Frage gar nicht stellen, denn du weißt ja noch gar nicht, dass es da einen Weg zu beschreiten gibt.

Du wirst bei den Tools häufig welche finden, die dich dabei unterstützen, von Phase 3 in Phase 4 zu kommen. Kleine Übungen, die du leicht und einfach in deinen Alltag integrieren kannst. Dinge, die du ohnehin machst, nur jetzt eben ein wenig anders. Oft fehlt uns die Zeit für große Anstrengungen. Jeden Tag 1 Stunde zu meditieren ist sicher nichts Schlechtes, doch die Erfahrung zeigt, dass sich viele die Zeit dafür nicht nehmen.

Übung macht den Meister

Beim Schreiben des Buches habe ich festgestellt, dass es eine ganze Menge solcher Tools gibt, die dich auf deinem Weg unterstützen können. Vielleicht sogar so viele, dass ihre Anzahl und die damit verbundene Vielzahl der Möglichkeiten bei dem einen oder anderen Leser Verwirrung stiften und so zur Erreichung des Zieles, ein dramafreies Leben zu führen, sogar behindern könnte.

Daher habe ich für dich ein Workbook erstellt, das dir hilft all die Dinge aus diesem Buch in deinem Alltag konsequent umzusetzen. Die findest es auf der Ressourcenseite.

Egal wie du es anstellst, was entscheidend ist, ist, dass du dranbleibst, und das täglich. Einmal ist keinmal, gilt auch für die Umsetzung der Übungen aus der Toolbox. Und solltest du das doch einmal nicht schaffen und irgendwann feststellen, dass du einen oder mehrere Tage nicht daran gedacht hast, deine Übungen zu machen — mache vor allem kein Drama draus.

Tools für mehr Bewusstheit

Nachdem Bewusstheit so extrem wichtig ist, um die Dramen in deinem Leben zu reduzieren, starten wir die Toolbox mit Tools und Übungen, bei denen es genau darum geht.

Man kann Bewusstheit auch wie einen Muskel betrachten, den du wie andere Muskeln auch, trainieren kannst. Je regelmäßiger du deine Trainingseinheiten durchführst, desto rascher wird sich dein Bewusstheitsmuskel entwickeln und umso stärker wird er werden.

Daher habe ich als Erstes für dich ein paar kurze „5-Minuten-für-mehr-Bewusstheit-Übungen" zusammengestellt, die du einfach und spielerisch in deinen Alltag einbauen kannst.

5 Minuten für mehr Bewusstheit

Bewusst essen

Wie bereits vorhin erwähnt essen wir meist weitgehend unbewusst. Das ist schade, denn damit nutzen wir weder energetisch noch, was das Genusserlebnis der Nahrung angeht, ihr volles Potenzial.

Mache daher Folgendes: Gewöhne dir an, jeden Bissen zumindest 20 Mal zu kauen. Ganz bewusst. Zähle mit. Lass den Nahrungsbrei dabei jeden Winkel deines Mundraumes ausfüllen und genieße den

Geschmack ein paar Momente lang, bevor du ihn schluckst. Du wirst erstaunt sein, um wie viel intensiver die Nahrung schmeckt.

Währenddessen: Kein Fernsehen, kein Social Media, kein Sprechen — nur kauen und genießen.

Das Gute daran, neben der Übung für mehr Bewusstheit ist, dass du langsamer und dadurch auch weniger isst, weil das Sättigungsgefühl eine gewisse Zeit braucht, sich einzustellen. Dein Magen bekommt so sehr viel besser vorverdaute Nahrung, was dein Verdauungssystem entlastet.

Bewusst trinken

Dasselbe kannst du auch mit dem Trinken machen. Wo es beim Essen das oftmalige und bewusste Kauen ist, das dir ein paar Minuten erhöhter Bewusstheit verschafft, ist es beim Trinken das Nehmen von bewussten, kleinen Schlucken, die du dann deinen gesamten Mundraum ausfüllen lässt. Konzentriere dich dabei auch auf den Geschmack, versuche alle Geschmacksnoten, die sich in deinem Getränk verbergen könnten, herauszufinden.

Du wirst erstaunt sein, wenn du zum Beispiel auch bei so etwas Alltäglichem wie Wasser ganz neue Geschmäcker entdeckst. Nimm wahr, wie die Flüssigkeit deine Zunge und deinen Gaumen umspielt und wie sie deine Kehle und deine Speiseröhre hinunterläuft. Verfolge dabei ihren Weg, soweit es dir möglich ist, bevor du dich — langsam — dem nächsten Schluck zuwendest.

5 Minuten Atmen

Etwas, das wir — zum Glück — völlig unbewusst ausführen, ist das Atmen. Ständig bewusst zu atmen wäre ein Ding der Unmöglichkeit. Wir würden — wenn das Atmen unsere gesamte Aufmerksamkeit beeinflusst — nichts anderes mehr auf die Reihe bekommen. Doch ab und zu ein paar Atemzüge vollkommen bewusst und konzertiert zu machen, das geht.

Du könntest dir zum Beispiel immer eine bestimmte Anzahl vornehmen — 20, 30 oder auch 50 oder 100 — je nachdem, was dir zusagt und deine Atemzüge bei der geplanten Anzahl beginnend herunterzählen. Das Rückwärtszählen zwingt dich zu noch mehr Bewusstheit, da diese Variante nicht so automatisiert ist, wie das Zählen von unten nach oben.

Wie beim Essen oder Trinken, nimm wahr, wie dein Atem in deinen Körper strömt, wo du ihn spürst, wie und wo er sich verteilt und wie er letztlich wieder aus deinem Körper hinausströmt. Das ist alles.

5 Minuten in der Sonne

Die Sonne ist lebenswichtig — physisch, aber auch mental. Achte darauf, dass du ausreichend davon bekommst, vor allem in den dunkleren Herbst- und Wintermonaten. Setze oder stelle dich zwischendurch immer wieder in die Sonne — im Freien oder auch bei geöffnetem Fenster.

Ich selbst habe es mir angewöhnt, meinen Espresso nach dem Mittagessen, wann immer es möglich ist, in der Sonne zu genießen.

Zuhause setze ich mich auf einen Stuhl in eine windgeschützte Ecke vor dem Haus und halte mein Gesicht in die Sonne, während ich meinen Kaffee Schluck für Schluck trinke. Unterwegs bieten sich ebensolche Möglichkeiten. Beim Warten auf den Bus, an der Tankstelle, während dein Auto mit Sprit oder mit Strom — da hast du noch mehr Zeit dafür — vollläuft.

Diese 5 Minuten in der Sonne — sofern sie scheint — ein- oder zweimal am Tag sind sehr gut investierte Zeit.

5-Minuten-Monotonie

Eine andere Möglichkeit, 5 Minuten in mehr Bewusstheit zu investieren, ist es, dir eine monotone Tätigkeit zu suchen, die du dann vollkommen konzentriert auf diese und bewusst machst. Das könnte zum Beispiel sein:

- Gehen — bevorzugt durch den Wald — und dabei Schritt für Schritt bewusst setzen und die Schritte zählen
- Unkraut jäten
- den Hof oder Gehweg kehren
- Schneeschaufeln, eine nette Variante für echte Wintertage
- Gemüse putzen und schnippeln
- dein Auto innen reinigen — saugen, wischen — alles, was dazugehört
- Staubsaugen oder Fensterputzen

Ich denke, du hast das Prinzip verstanden. Ergänze diese Ideenliste mit Tätigkeiten, die sich gut in deinen Alltag einbauen lassen. Wähle dann eine oder zwei der kurzen Trainingseinheiten aus, die sich für dich am besten anfühlen. Nimm solche, von denen du denkst, dass du sie am einfachsten in deinen Alltag einbauen kannst, ohne dabei mit allzu vielen inneren oder äußeren Widerständen konfrontiert zu sein.

Ein Wort zur Meditation

Natürlich kannst du auch eine der unglaublich vielen Varianten der Meditation praktizieren, um mehr Bewusstheit zu erreichen. Wenn du das tun willst oder ohnehin bereits ausübst, mach es bzw. bleib dabei. Du findest auch sehr viel Literatur zu diesem Thema mit Anleitungen zu vielen verschiedenen Methoden der Meditation. Für dieses Buch hier wollte ich mich ganz gezielt darauf beschränken, dir ein paar ganz einfache und im Alltag leicht umsetzbare Tipps an die Hand zu geben.

Trenne dich von dir selbst

Ebenfalls eine sehr gute Variante, um zu mehr Bewusstheit zu gelangen, ist die Dissoziation. Dabei steigst du gedanklich aus dir selbst heraus, stellst dich neben dich und betrachtest dich und deine Denk- und Handlungsweisen als externer Beobachter. Während du das machst, ist es hilfreich, wenn du tatsächlich auch physisch einen anderen Standpunkt einnimmst. Tritt ein paar Schritte zu Seite und dreh dich zu „dir“, ganz so wie es ein außenstehender Beobachter machen würde. Wenn du sitzt, dann könntest du aufstehen, dich hinter deinen Sessel stellen und von dort aus auf dich herunterblicken.

Das mag ein wenig sonderbar klingen, ist aber eine Technik, die sich im Coaching und der Therapie sehr bewährt hat und häufig in allen möglichen Varianten eingesetzt wird. Dadurch gewinnst du — im wahrsten Sinne des Wortes — den Abstand, den du brauchst, um dich, dein Denken und dein Verhalten klarer, ein Stück weit objektiver und bewusster zu analysieren.

Du kannst diese Vorgehensweise zum Beispiel immer dann einsetzen, wenn du merkst, dass du eine Dramaeinladung erhalten hast oder das Drama bereits läuft und dabei ist, noch mehr Energie zu bekommen.

Schlüpfe in dieser Position dann etwas in die Rolle eines Beraters, Coaches oder auch eines guten und vor allem dramafreien Freundes. Das könnte auch jemand sein, den du nicht persönlich kennst, oder sogar jemand, der bereits verstorben ist, aber der passende Ratgeber für dich wäre. Dieser kann dir dann Fragen stellen, die dich und deine möglichen Reaktionen auf eine Dramaeinladung etwa analysieren lassen oder auch Ratschläge erteilen, wie du dich verhalten solltest — wenn du das von diesem möchtest.

Wenn du das einige Male machst, kann es sein, dass dieser Berater zu deinem ständigen Begleiter wird, der immer auf Abruf ist und sich als Stimme in deinem Kopf bei dir meldet, auch wenn du vielleicht gar nicht bewusst dissoziierst und ganz bewusst in diese Rolle schlüpfst. Und das ist sogar noch besser, weil es dir so zu einer sehr hilfreichen Gewohnheit geworden ist, deine Reaktionen auf potenziell dramatische Reize aller Art kritisch zu betrachten und zu hinterfragen. Und keine Angst: Die Gefahr, dass du eine gespaltene Persönlichkeitsstörung entwickelst, besteht nicht. 😉

Achtung: Zeit für Bewusstheit

„Das ist ja alles gut und schön, aber in meinem stressigen Alltag, mit den vielen Ablenkungen und der wenigen Zeit, denke ich einfach nicht daran!“, sagst du dir jetzt vielleicht. Und du hast Recht. Das größte Problem mit dieser Art Übungen für mehr Bewusstheit ist für viele Menschen tatsächlich, daran zu denken, diese Übungen zu machen. Dafür gibt es einen kleinen Trick. Stelle den Timer auf deinem Smartphone auf eine Stunde — du kannst natürlich auch kürzere oder längere Intervalle wählen —, sodass du nach 60 Minuten daran erinnert wirst, dass es wieder an der Zeit ist, deine Bewusstheit zu trainieren und die Übung deiner Wahl auszuführen.

Als Alternative könntest du diese Übung deiner Wahl auch fix mit einer Tätigkeit verbinden, die du ohnehin mehrmals am Tag machst — Kaffeetrinken, zur Toilette gehen oder auch das Licht an- oder ausschalten — je nachdem. Bei manchen der Übungen — beim bewussten Essen und Kauen etwa — ist die Tätigkeit, die du als Erinnerung für deine Übungen nutzen kannst, ohnehin bereits Teil der Übung. Wenn das nicht der Fall ist, ist die Variante mit dem Timer die zuverlässigste und die, die du am besten steuern kannst.

Nimm dir am Abend — jeden Abend — ein paar Minuten Zeit, um deinen Tag im Hinblick auf Bewusstheit Revue passieren zu lassen und zu analysieren. Dazu brauchst du nur ein wenig Ruhe und ein Blatt Papier oder Notizbuch, in dem du deine Gedanken und Erkenntnisse dazu festhältst.

Der Mere-Measurement-Effekt

Wenn du das machst, könntest du auch eine Strichliste machen, in der du die Anzahl der Bewusstheitsübungen, die du an diesem Tag gemacht hast, festhältst. Es geht dabei nicht um die exakte Erfassung. Vielmehr ist diese Liste etwas, das dir hilft, deine Aufmerksamkeit darauf zu lenken und zu fokussieren. In der Verhaltenspsychologie kennt man den Mere-Measurement-Effekt, der in vielen unterschiedlichen Studien nachgewiesen wurde. Dieser besagt, dass das, was gemessen wird, auch verstärkt wird und zwar ohne dass man das extra sagen oder die Menschen (bzw. dich selbst) dazu auffordern müsste. Es reicht etwas zu messen und die Ergebnisse dann zu kommunizieren — in dem Fall vermutlich nur dir selbst.

Du kannst für all das ein normales Notizbuch — ein solches ist besser als nur lose Blätter — verwenden oder auch das „Tausche-Drama-gegen-Glück-Workbook“ (Details und Link auf der Ressourcenseite), das speziell dafür gemacht wurde, um dich dabei zu unterstützen.

Drama-Bingo

Eine Übung, die sehr interessant sein kann und bei der du gleichzeitig viel über Arten von Dramen und deren Entstehung und vor allem über Dramarollen lernst, ist das Drama-Bingo. Es ist — wie die Bezeichnung vermuten lässt — ein Weg, sich dem Thema auf spielerische Art und Weise zu nähern.

Im Grunde geht sie ganz einfach:

- Du zeichnest dir auf Blatt 9 Felder, eines für jede Dramarolle — die 3, bei denen das Drama bereits läuft (Täter / Retter / Opfer), die 3 bei denen das Drama schlummert, aber das Potenzial vorhanden ist (Checker / Miesmacher / Diva) sowie auch die 3 transformierten (Macher / Mentor / Muse). Ich habe aber auch ein Drama-Bingo-Blatt für dich ausgearbeitet. Du kannst es dir auf der Ressourcenseite kostenlos herunterladen.
- Dann sperrst du einfach die Ohren weit auf und versuchst, Äußerungen von anderen Menschen — es könnten aber auch jene deiner eigenen Persönlichkeitsanteile sein — zuzuordnen und machst Striche neben die jeweilige Rolle, wenn du eine Zuordnung gemacht hast. Ziel ist es nicht, das Blatt voll zu bekommen, sondern deine Wahrnehmung zu schärfen und möglichst viele Striche in welchem Feld auch immer zu sammeln.

Das kann zum Beispiel eine interessante Beschäftigung bei sonst wenig interessanten Meetings sein, vor allem dann, wenn du nicht die Person am Tisch bist, die alle anderen im Fokus haben. Aber auch bei Familienfeiern und anderen Festen lässt sich Drama-Bingo gut spielen. Weitere Möglichkeiten, diese Übung zu machen, bieten sich in Restaurants, Cafés oder Bars, wenn du die Gespräche an den

Nebentischen belauscht, weil du vielleicht gerade ohnehin nichts Besseres zu tun hast. Auch Diskussionen im Fernsehen — in Talk-Shows oder Wahlkampfrunden — eignen sich dafür oft sehr gut. Ganz allgemein kannst du das überall dort machen, wo du Zeuge von Unterhaltungen zwischen 2 oder mehreren Menschen sein kannst.

Tools, um die Wichtigkeit und Bedeutung zu reduzieren

Auch die Wichtigkeit, die Bedeutung, die wir Dingen, Menschen und deren Verhalten, Vorfällen und Situationen geben, hat ganz allein für sich genommen bereits alle Macht, um sämtliche Dramen, die laufen, sofort aufzulösen und neuen nicht den Hauch einer Chance zu geben, zu wachsen. Dafür müssten wir nur eines tun: Die Wichtigkeit und Bedeutung deutlich reduzieren. Theoretisch also ganz einfach, praktisch — wie du aus eigener Erfahrung vermutlich weißt — kann das schon eine Herausforderung darstellen.

Daher habe ich in diesem Abschnitt der Toolbox eine Reihe von Tipps und Strategien für dich zusammengestellt, die dich dabei unterstützen, überhöhte Wichtigkeit Schritt für Schritt abzubauen. Was du dafür allerdings benötigst, ist ein Maß an Bewusstheit, das dich erkennen lässt, dass es da etwas gibt, das du möglicherweise zu wichtig nimmst. Wenn du das nicht erkennst, kannst du klarerweise nichts daran ändern. Das bedeutet, dass Bewusstheit und Wichtigkeit Hand in Hand arbeiten.

Wofür ist das eine Gelegenheit?

Was immer rund um uns geschieht, uns zustößt, wir bewerten alles. Das Meiste davon nicht bewusst, sondern hochgradig unbewusst und automatisch. Diese Bewertung spielt sich auf einer Skala zwischen sehr negativ und sehr positiv mit vielen Abstufungen ab. In der Mitte gibt es einen neutralen Bereich, wenn wir etwas weder als gut noch schlecht einstufen. Die Gefahr eines Dramas ist naturgemäß eher und öfter mit den negativen Bewertungen verbunden. Natürlich könnte auch eine stark überzogene positive Bewertung in weiteren Folgen Dramen auslösen oder auch verstärken — doch lass uns vorerst bei den negativen bleiben.

Das bedeutet, wenn du es schaffst, die negative Bewertung einer Sache oder eines Verhaltens zu reduzieren, reduzierst du damit auch automatisch die potenzielle Dramaenergie. Und das kannst du zum Beispiel auf folgende Art und Weise machen.

Wann immer etwas geschieht, das du normalerweise für dich als negativ bewertest, kannst du dir folgende Frage stellen: „Wofür ist das eine Gelegenheit?“ — auch als WIDEG-Frage bekannt. Alles, auch die Dinge, die du normalerweise als sehr negativ bewertest, haben mögliche positive Seiten, Aspekte und Konsequenzen. Jeder Fehler bringt die Möglichkeit mit sich, daraus etwas zu lernen. Und mit der WIDEG-Frage suchst du genau diese positiven Aspekte an der gegenständlichen Situation.

Ein paar Beispiele für die praktische Anwendung der WIDEG-Frage:

- Ich stecke im Stau und komme zu spät. — Positiv: Ich habe noch Zeit, ein interessantes Hörbuch zu hören.
- Es regnet stark. — Positiv: Ich habe eine gute Ausrede, nicht laufen zu gehen und stattdessen auf dem Sofa zu entspannen.
- Ich bin fett. — Positiv: Dadurch habe ich weniger Falten.
- Ich kann jetzt doch nicht in den Urlaub fahren. — Positiv: Ich kann mich noch länger auf den Urlaub freuen und Vorfreude ist bekanntlich die schönste Freude.
- Mein Auto ist kaputt und nicht reparierbar. — Positiv: Jetzt habe ich endlich einen sehr guten Grund, ein anderes zu kaufen, was ich ohnehin schon lange wollte.
- Ich habe eine Absage von einem Kunden erhalten. — Positiv: Ich weiß, dass diese Strategie nicht funktioniert und mache es nächstes Mal anders.

Ich weiß, viele werden jetzt denken, das wäre Schönfärberei. „Was soll das denn bringen, wenn ich alles durch eine rosarote Brille sehe?" Gegenfrage: „Was bringt es, wenn du alles durch eine dunkelgraue Brille siehst?"

Mit der WIDEG-Frage trainierst du dein Gehirn mehr und mehr auch an die positiven Aspekte zu denken. Wenn du dir die Frage eine Zeit lang immer wieder bewusst stellst, wirst du bald den Trainingseffekt bemerken. Erstens wird es dir leichter fallen, sie dir zu stellen und tatsächlich positive Aspekte zu finden und zweitens wird sie dein Gehirn auch immer öfter automatisch stellen, als Reaktion auf alle Arten von Vorfällen.

Reframing

Was die WIDEG-Frage macht, wird in der Kommunikation als Reframing bezeichnet. In der eigentlichen Bedeutung des englischen Ausdrucks heißt es, etwas in einen anderen Rahmen zu stellen bzw. es neu zu rahmen — Re-framing (frame = Rahmen).

Reframing kannst du auch auf andere Art und Weise einsetzen, um die potenzielle Dramaenergie zu reduzieren. Zum Beispiel kannst du — ganz im Kleinen — damit beginnen, Bezeichnungen für Menschen und deren Verhalten, Situationen, Dinge oder Vorkommnisse — schlicht alles, was ein Drama auslösen oder verstärken könnte — durch andere Begriffe zu ersetzen.

Auch dazu ein paar praktische Beispiele:

- Wenn du meinst, du hast Stress, dann hast du bloß viel zu tun.
- Und wenn sich jemand darüber beklagt, dass er viel zu tun hat, dann ist ihm einfach nicht langweilig.
- Unternehmen, die zu viele Aufträge haben und nicht wissen, wie sie diese abarbeiten sollen, haben ein Luxusproblem.
- Wenn dir etwas misslungen ist, dann hast du es einfach diesmal noch nicht hinbekommen.
- Aus Stau könnte durch Reframing viel Verkehr werden.
- Wie Garfield — der Kater aus dem berühmten Comic — schon gesagt hat: „Ich bin nicht übergewichtig, sondern untergroß."

All das sind Bezeichnungen, die die Situation in einem anderen, nicht ganz so dramatischen Licht erscheinen lassen. Auch hier könnte es sein, dass sich eine Stimme in dir zu Wort meldet, die meint, dass mit solchen Wortspielereien das Leben doch nicht dramafreier wird. Wenn etwas schlimm ist, dann macht es die Sache nicht besser, wenn man es anders bezeichnet.

Es könnte aber auch die Stimme jenes Persönlichkeitsanteils in dir sein — möglicherweise einer in der Miesmacherrolle — der befürchtet, dass er dadurch seiner Dramen und all der damit verbundenen Energie beraubt wird und das natürlich verhindern will. Wie weiter vorne im Buch bereits erwähnt, wirst du auf Widerstand — von Außen oder auch von Innen — treffen, wenn du dich auf den Weg machst, um dich zu verändern. Dieser Widerstand könnte bereits sehr früh einsetzen, etwa in dem Moment, in dem du beginnst, dich mit Tools zu beschäftigen, die Veränderung bewirken oder unterstützen. Ganz nach dem Motto: Wehret den Anfängen. Und eine häufige Art von Widerstand ist es, die Tools schlecht zu machen.

Wünsche alles, brauche nichts

Die Übersteigerung des Wünschens ist nicht hilfreich. Immer dann, wenn ein Wunsch, ein Ziel allzu viel Bedeutung und Gewicht erhält, entsteht daraus ganz rasch und leicht ein Drama. Am besten sind die Ausgangsvoraussetzungen für dramatische Energien erfüllt, wenn du das, was du wünscht, nicht bekommst, dein Ziel nicht erreichst. Wenn sich dein Wunsch erfüllt und du erhältst bzw. erreichst, was du willst, bedeutet das nicht, dass daraus kein Drama entstehen kann, und zwar dann, wenn dem Wunsch zu viel Bedeutung gegeben wurde, doch die Gefahr ist geringer. Was also kannst du tun, um die Dramen, die darauf basieren, aus deinem Leben zu entfernen?

Du musst — und das ist die gute Botschaft — nicht auf deine Wünsche, Ziele und Träume verzichten. Wünsche groß und wünsche, soviel du willst. Die Kunst eines dramafreien Lebens liegt darin, wie du damit umgehst, wenn sich ein Wunsch nicht realisiert. Statt darüber zu jammern und zu klagen, frustriert zu sein oder dich zu ärgern, geht es in einem ersten Schritt nur darum, das wahrzunehmen und anzuerkennen, was ist.

Und ja, nimm auch den Unterschied wahr, der zwischen deinem Wunsch und deiner aktuellen Realität besteht. Finde dich damit ab, dass das gerade jetzt so ist und dass du in diesem Moment nichts, überhaupt nichts daran ändern kannst. Niemand kann das. Nicht jetzt. Der aktuelle Moment ist das einzig Unveränderliche im Leben. Und wenn du es ohnehin nicht ändern kannst, warum Energie in Form von Ärger, Wut oder Schuldgefühlen darauf verschwenden und damit die aufkeimenden Dramen füttern?

„Ich soll mich einfach damit abfinden? Diese Einstellung ist mir zu passiv. Schließlich will ich ja vorankommen und meine Wünsche realisieren." Viele denken das vermutlich an dieser Stelle. Doch Achtung, wenn es dir auch so geht, dann hast du mir nicht genau genug zugehört. Ich habe nicht gesagt, dass du nichts ändern kannst oder sollst, wenn du das willst. Was ich gesagt habe, ist, dass du diesen Moment — der übrigens auch schon wieder vorbei ist —

nicht ändern kannst. Nicht mit aller Macht der Welt. Was du allerdings ändern bzw. beeinflussen kannst, ist der nächste und der übernächste Moment und all jene, die folgen.

Wenn du daher deine Energie auf jene Momente richtest, dann ergibt das sehr viel Sinn. Dafür ist deine Energie sehr viel produktiver eingesetzt, als sie dem Drama des Unveränderlichen zufließen zu lassen. Damit erhöhst du die Chancen, deine Wünsche und Ziele zu erreichen. Statt dich auf das zu konzentrieren, was nicht zu ändern ist, konzentriere dich auf jene Dinge, die du ändern kannst, selbst wenn das in manchen Fällen viel Zeit und Anstrengung in Anspruch nehmen kann.

„Gott gebe mir die Gelassenheit, Dinge hinzunehmen, die ich nicht ändern kann, den Mut, Dinge zu ändern, die sich ändern lassen, und die Weisheit, das eine vom andern zu unterscheiden.“

Wilhelm Oetinger

Wenn du das tust, dann wirst du deine Ziele erreichen und dir deine Wünsche erfüllen. Dann ist das nur eine Frage der Zeit. Jedes Ziel, das du nicht erreicht hast, hast du NOCH nicht erreicht. Jeden Wunsch, den du dir nicht erfüllen konntest, konntest du dir NOCH nicht erfüllen. Du bist hingefallen, musstest innehalten oder bist vom Weg abgekommen. Das ist normal. Seltsam wäre es, wenn dir das nicht auch immer wieder zustoßen würde. Doch jetzt bist du aufgestanden, hast dir den Staub abgeklopft, dich neu orientiert und bist wieder unterwegs. Solange du unterwegs bist, kannst du dein Ziel gar nicht nicht erreichen.

Mit dieser Sicht auf diese Angelegenheiten ist die Wahrscheinlichkeit, dass du ein weitgehend dramafreies Leben führen kannst, sehr hoch.

So brauchst du weniger

Zurück zum Brauchen. Wir verwenden das Wort „Brauchen“ sehr inflationär. Was wir nicht alles brauchen — dieses und jenes: „Ich brauche eine Pause. Ich brauche eine Zigarette. Ich brauche dich.“ Wenn du solche Gedanken hast oder diese sogar laut aussprichst, stelle dir folgende Fragen:

- „Ist das tatsächlich so?“
- „BRAUCHE ich das wirklich oder will ich es einfach nur haben?“
- „Was geschieht, wenn ich es nicht habe — im schlimmsten Fall?“
- „Dreht sich die Welt weiter, wenn ich das nicht habe?“
- „Lebe ich weiter, wenn ich das nicht habe?“
- „Kann es mir immer noch gut gehen, auch wenn das nicht ist, wenn ich das nicht habe — auch wenn es ohne diese Sache vielleicht schwerer wird?“

Wenn du dir diese Fragen beantwortest, dann könnte es sein, dass sich Widerstand in Form einer Stimme in deinem Kopf zu Wort meldet. „Ja, schon, aber ...“, wird sie sagen. Konzentriere dich auf das „Ja, schon...“, und lass das „aber“ nicht zu.

Wenn du das konsequent anwendest, wirst du merken, dass die Dinge, die du brauchst — nicht unbedingt jene, die du haben willst — immer weniger werden. Was brauchst du denn wirklich? Und je weniger du brauchst, desto weniger Dramen können sich in deinem Leben breit machen.

Loslassen

An den Dingen, Menschen und Situationen, die wir glauben zu brauchen, tendieren wir auch dazu zu klammern. Es fällt uns oft schwer, diese loszulassen. Eine gute Übung, um Wichtigkeit und Bedeutung zu reduzieren, ist es, Dinge loszulassen. Fange klein an damit und arbeite dich hoch, indem du immer größere Dinge loslässt.

Ein paar Aufwärmübungen im Loslassen

- Trenne dich von alten Kleidungsstücken, die du ohnehin nicht mehr trägst, die aber — ich weiß — vielleicht einmal teuer waren und kaum getragen wurden.
- Trenne dich von Büchern, die du schon gelesen hast und sicher nicht noch einmal liest.
- Gib Bücher weg, die du nicht gelesen hast und vermutlich auch nie lesen wirst.
- Trenne dich von — vielleicht sogar unbenutzten — Gegenständen aller Art, die dir nur den Platz verstellen und die du schon seit Jahren nicht benutzt.
- Nimm im nächsten Urlaub nur die Hälfte des üblichen Gepäcks mit.

- Lass Geld los und gib jemandem, der es braucht, eine Summe, bei der es dir ein wenig schwerfällt, dich von ihr zu trennen.

Wenn es dir, nachdem du dich von einigen dieser Dinge getrennt hast, so geht wie mir, dann fühlst du dich danach leichter. Bisher habe ich noch kein einziges Stück, von dem ich mich auf diese Weise getrennt habe, je vermisst.

Loslassübungen für leicht Fortgeschrittene

Wenn du diese ersten Stufen erfolgreich gemeistert hast, dann könntest du dich den folgenden Aufgaben stellen:

- Wenn du regelmäßig fernschaust, dann trenne dich von dieser Angewohnheit — vielleicht sogar auf unbestimmte Zeit. Mach einen kleinen Wettbewerb mit dir selbst, wie lange du es aushältst.
- Dasselbe könntest du mit Social Media machen, in das du viel Zeit steckst. Das ist vor allem dann eine gute Übung, wenn du diese nicht beruflich und zielgerichtet nutzt, sondern nur durch die Beiträge scrollst und dich darin verlierst.
- Trenne dich von deinem Lieblingslokal — zumindest einmal für eine Zeit lang.
- Triff dich eine Zeit nicht mit den Menschen, mit denen du dich häufig triffst.
- Wenn du regelmäßig Alkohol trinkst oder Süßigkeiten isst, dann lasse auch das los und beweise dir, dass du diese Dinge nur haben willst, aber nicht brauchst.

Ich verspreche dir, auch wenn du das tust, wird sich die Welt weiterdrehen. Auch deine Welt und das erstaunlicherweise um nichts langsamer — ganz im Gegenteil. Du wirst sehr viel bessere Freizeitbeschäftigungen finden, als Fernsehen oder durch Facebook zu scrollen. Und die Süßigkeiten sowie den Alkohol wirst du danach — falls es ein Danach gibt — mit noch mehr Bewusstheit und Genuss zu dir nehmen, in dem Wissen, dass du beides nicht brauchst.

Loslassaufgaben für weit Fortgeschrittene

Du hast Gefallen am Loslassen gefunden und die bisherigen Übungen problemlos gemeistert? Dann bist du möglicherweise bereit für das nächste Level. Auf diesem gibt es allerdings keine Übungen für dich, sondern Aufgaben. Der Unterschied ist, dass du diese NICHT erledigen solltest, um zu üben, sondern nur dann umsetzen, wenn sie ohnehin darauf warten, umgesetzt zu werden.

- Trenne dich endlich von deinem Job, wenn du mit dem Gedanken bereits länger spielst.
- Zieh um, vor allem dann, wenn du es ohnehin schon länger vor dir herschiebst.
- Lass deine Beziehung los, trenne dich von deinem Partner, wenn du auch das schon lange, viel zu lange planst oder den Gedanken mit dir herumträgst.

Gerade diese Aufgaben setzen — sobald du sie bewältigt hast — unglaublich viel Energie frei. Gerade was Dramen angeht, sind genau das die Umstände und Rahmenbedingungen, die permanent hohes Dramapotenzial haben.

Durch diese oder ähnliche Loslassübungen reduzierst du schrittweise die Dinge, Menschen und Situationen, die du brauchst. Du wirst erstaunt sein, wie wenig du tatsächlich brauchst. Du wirst dich rückblickend darüber wundern, wovon du früher gedacht hast, dass du es brauchen würdest.

Der Zeitsprung

Um die Wichtigkeit und Bedeutung von etwas zu reduzieren, ist es hilfreich, Abstand dazu zu schaffen. Jetzt, wo die Sache aktuell ist, wo du mittendrin steckst, beansprucht sie natürlich immens viel Wichtigkeit. Doch wie wird das morgen sein, nächste Woche, nächsten Monat, nächstes Jahr? Wie wichtig wird es von dort aus betrachtet gewesen sein? Und bei den aktuell scheinbar sehr bedeutsamen Dingen — wie wichtig werden diese gewesen sein, wenn du in 10, 20 oder 30 Jahren oder auch ganz am Ende deines Lebens auf sie zurückblickst?

Mit diesem Rückblick, der Betrachtung mit zeitlichem Abstand, brauchst du allerdings nicht zu warten, bis die Zeit tatsächlich vergangen ist. Du kannst es jetzt schon tun, indem du gedanklich in die Zukunft reist und dich mit all deinen Sinnen in diese Zeit versetzt.

Dir die folgenden Fragen zu stellen, wird dich dabei unterstützen:

- Wie siehst du aus? — Eine Frage, die vor allem dann interessant ist, wenn der Zeitsprung ein großer ist.
- Was trägst du?
- Wo bist du?

- Was siehst du?
- Was hörst du?
- Wie fühlst du dich?

Die Antworten auf diese Fragen helfen dir, dich in die Zukunft zu versetzen und den zeitlichen Abstand so sehr viel besser wahrzunehmen. Und wenn du dort angekommen bist, dann stelle dir die Frage: „Wie wichtig war das tatsächlich damals?“ In den allermeisten Fällen wird die Antwort lauten: „Gar nicht wichtig.“ In manchen Fällen könnte die Antwort aber auch lauten: „Wovon sprichst du?“ Es passiert regelmäßig, dass wir Dinge, die jetzt sehr wichtig erscheinen, ganz vergessen und uns nicht einmal mehr daran erinnern können und das ist ein klares Signal.

Die wirklich wichtigen Dinge

Als Nebenprodukt der letzten Übung könntest du feststellen, dass es Dinge gibt, deren Bedeutung auch bei größeren zeitlichen Abständen aufrecht bleibt. Solche, die auch nach 30 Jahren im Rückblick unverändert wichtig sind, oder deren Bedeutung vielleicht sogar noch zugenommen hat. Es gibt sie, die wirklich wichtigen Dinge.

Auch wenn diese für dich und mich unterschiedlich sein können, zeigt es sich doch recht häufig, dass eine Reihe der wirklich wichtigen Dinge für die meisten Menschen ähnlich oder sogar gleich sind.

- gesund zu sein,

- in Frieden leben zu können und
- das an einem sicheren Ort,
- Menschen um sich zu haben,
- die man mag und von denen man gemocht wird und
- ausreichend Geld für ein angenehmes Leben zu haben.

Dass das die wirklich wichtigen Dinge sind, wird uns oft erst zu spät — wenn wir sie nicht mehr haben — dann dafür aber sehr schmerzhaft bewusst.

Ob etwas wichtig ist oder nicht, lässt sich im Grunde immer nur durch einen Vergleich feststellen. Wichtigkeit und Bedeutung sind keine absoluten Werte, sondern immer nur relative. Irgendetwas ist wichtiger oder weniger wichtig als etwas anderes. Und diese Tatsache können wir für unsere Zwecke nutzen.

Angesichts dieser wirklich wichtigen Dinge verblasst die Bedeutung von fast allem anderen. Die meisten Dinge sind — wenn man sie neben diese wirklich wichtigen Dinge stellt — unbedeutend. Wenn du daher die Wichtigkeit von etwas reduzieren willst, dann stelle diese Sache neben eine wirklich wichtige. Der Unterschied ist meist so riesig, dass das scheinbar Wichtige auf ein unbedeutsames Etwas schrumpft.

Durchführen kannst du diese Gegenüberstellung, diesen Vergleich, indem du zum Beispiel einmal pro Tag die wirklich wichtigen Dinge, für die du dankbar bist, dass du sie hast, in deinem Journal aufschreibst. Das rückt die Relationen immer wieder zurecht und reduziert so die Wichtigkeit und Bedeutung all der potenziellen Dramen, die davon auch etwas abbekommen wollen.

Die Skala der Wichtigkeit

Dramen leben von Emotionen, die in den dunklen Winkeln und Ecken unseres Unbewussten schlummern und selbst, wenn sie erwacht sind, sich dort ganz gerne aufhalten. Daher kann es sehr zielführend sein, diese Emotionen dem harten und hellen Licht rationaler, vernünftiger Betrachtung auszusetzen. Wenn du das machst, wirst du oft bemerken, dass sich allein dadurch bereits etwas verändert, sich die Stärke der Emotionen verringert und die Wichtigkeit des Themas, seine Bedeutung abnimmt.

Unterstützen kannst du das, indem du die Wichtigkeit einer Sache auf einer Skala bewertest. Die Art der Skala kannst du selbst wählen oder einfach eine Skala verwenden, die von -10 bis + 10 geht, wobei - 10 „überhaupt nicht wichtig“ bedeutet und + 10 der Wert für die wirklich wichtigen Dinge wie Gesundheit z. B. ist.

Wenn du mit dem ein oder anderen Tool aus unserer No-Drama-Toolbox bereits arbeitest, etwa dem Reframing oder auch dem Zeitsprung — kannst du das natürlich mit der Skala kombinieren und dadurch den Wert verändern.

Du kannst allerdings die Sache, um die es geht, nicht nur auf deiner Skala einstufen. Du kannst den Spieß auch umdrehen und die Wichtigkeit auch dadurch verändern, dass du die Bewertung auf der Skala gezielt herunterschraubst, ganz so als ob du einen Schieberegler verwenden würdest, der die Wichtigkeit reduziert. Probiere aus, was für dich am besten funktioniert.

Keine Erwartungen

Über Erwartungen haben wir uns bereits unterhalten und festgestellt, dass Erwartungen, egal welcher Art, keine Vorteile für dich bringen, sondern Zündstoff für Dramen sind — sowohl positive als auch negative. Die beste Erwartungshaltung in Bezug, worauf auch immer, ist es, keine Erwartungshaltung zu haben, die neutrale Mitte zwischen positiv und negativ zu besetzen, den Null-Punkt zwischen minus und plus.

Wenn du dich dabei ertappst, dass spürbar positive Erwartungen in Bezug auf ein bevorstehendes Ereignis zum Beispiel aufkommen, reduziere diese und behalte einen kühlen Kopf. Freuen kannst du dich immer noch, wenn das Ereignis schön wird.

Sollten negative Erwartungen aufkeimen, dann nimm auch diese wahr. Frage dich, woher diese kommen und arbeite mit einem der No-Drama-Tools daran, diese in Richtung Null-Punkt anzupassen. Mehr ist gar nicht nötig. Mehr wäre möglicherweise schon wieder zu viel. Schönfärberei — Rosarote-Brillen-Sehen.

Wenn du deine Erwartungen neutral hältst, was so viel bedeutet wie keine zu haben, dann reduzierst du die Wahrscheinlichkeit, enttäuscht zu werden, deutlich. Wie sollte das auch gehen, wenn du nichts erwartest. Schließlich täuscht du dich vorher nicht und kannst daher nicht ent-täuscht werden.

Exzellent statt perfekt

Für all die Perfektionisten unter den Leserinnen und Lesern habe ich einen Gedanken für die Tool-Box mitgebracht, der Erleichterung verschaffen sollte. Die Gründe, die hinter dem Streben nach

Perfektion stecken, sind vielfältig. Ist es die Angst, Fehler zu machen und dafür kritisiert zu werden, die uns dem Perfektionismus in die Arme treibt? Ist es der Drang, mehr Kontrolle erlangen zu wollen? Ist es ein zwanghaftes Verhalten, eine ausgewachsene Zwangsstörung sogar, die uns dazu bringt, alles perfekt machen zu wollen? Das alles kann eine Rolle spielen.

Für eine Sache ist Perfektion allerdings nicht erforderlich: Dafür sehr gute Ergebnisse zu erzielen und bestimmte Ziele zu erreichen. Dafür braucht man in vielen Bereichen nur besser zu sein als die anderen, aber nicht perfekt. Und in ebenso vielen Bereichen braucht man, um gute Ergebnisse zu erzielen und seine Ziele zu erreichen, noch nicht einmal besser zu sein als andere. Und nicht besser sein zu wollen oder gar zu müssen als andere ist sogar noch besser, wenn es um die Reduktion der Dramen geht. Vergleich oder gar Wettkampf mit anderen erhöht die Dramaenergien. Und wenn gar Perfektion das Ziel ist, ist eine Differenz zwischen Ist und Soll so gut wie sicher und ein Drama, das daraus entsteht, vorprogrammiert.

Doch um sehr gute Ergebnisse bzw. Ziele zu erreichen, braucht es keine Perfektion. Exzellenz ist dafür vollkommen ausreichend — und in vielen Fällen braucht es nicht einmal diese. Der Flug eines Jets, der nach Stunden auf einem anderen Kontinent punktgenau am geplanten Zielort landet, ist nicht perfekt. Vielmehr ist er fast dauernd auf einer leicht falschen Route und Fehlerkorrektur reiht sich an Fehlerkorrektur. Der ganze Flug ist eine einzige lange Fehlerkorrektur, wenn man so möchte und doch ist das Ergebnis hervorragend, exzellent. Exzellenz ist vollkommen ausreichend.

Und Exzellenz in etwas erreichst du dadurch, dass du es machst. Viele Perfektionisten planen so lange, bis alles perfekt ist und kommen daher nie ins Tun. Doch ohne Umsetzung, ohne tun, kein Ergebnis. Und die zweite Voraussetzung für Exzellenz ist es, Schritt für Schritt besser zu werden, in dem, was du machst und dich immer wieder, vielleicht sogar jedes Mal selbst zu übertreffen.

Wenn du dem Drama in deinem Leben also weniger Raum geben willst, dann nimm dir vor, besser zu werden und dich immer wieder selbst zu übertreffen. Vergiss Perfektion. Die ist ein Garant für Drama. Doch auch das Besser Werden als du gestern warst, darf kein Dogma sein. Dogmen sind guter Nährboden für Dramen. Du solltest einfach besser werden wollen, doch das Besser Werden nicht brauchen.

Tools für mehr Verantwortung und Kontrolle

Mit dem Thema „Verantwortung zu übernehmen“ haben wir uns in diesem Buch bereits mehrfach ein wenig beschäftigt. Verantwortung, die du nicht übernimmst, bringt dich leicht in die dramatische Rolle des Opfers. Du gibst Macht ab und heizt das Drama an.

Doch Verantwortung zu übernehmen ist auch noch aus einem anderen Grund entscheidend, wenn du das Maß der Dramen in deinem Leben reduzieren willst: Dramen beginnen, wie in den Prinzipien erwähnt, immer im Innen. Nicht alle Dramen, zu denen du eingeladen wirst bzw. in die du bereits involviert bist, haben in deinem eigenen Innen begonnen. Viele davon hatten ihren Start im Innen eines anderen Menschen. Doch auch die Dramen der anderen haben keine Chance, an deine Energie zu kommen, wenn sie es nicht schaffen, in dir etwas anzusprechen, etwas auszulösen, das mit der Dramaeinladung resoniert und auf diese anspricht.

Daher ist der allerbeste und letztlich auch der einzige Ort, an dem du daran arbeiten kannst, dramafrei zu werden, dein eigenes Inneres, du selbst. Und das ist die Verantwortung, die es gilt zu übernehmen, und zwar in vollem Umfang und mit allen Konsequenzen. Daher habe ich im Folgenden ein paar Tools für dich aufgelistet, die dir dabei helfen, die Verantwortung immer öfter und in verstärktem Ausmaß auch tatsächlich zu übernehmen.

Verantwortung übernehmen statt Ausreden suchen

Statt Verantwortung zu übernehmen, tun wir häufig eines: Ausreden suchen und diese den anderen präsentieren. Und das Interessante bzw. Schlimme ist: Jeder weiß, dass es Ausreden sind und jeder akzeptiert diese, unter anderem deshalb, weil jeder dieselben Ausreden selbst auch verwendet.

- „Ich bin zu spät, weil ich im Stau gesteckt habe."
- „Ich hatte keine Zeit dafür."
- „Ich muss das ja tun."

- „Ich kann das nicht tun."
- „So ein Mistwetter. Ich bin total nass geworden."

Kommen dir diese Sätze bekannt vor? Du kannst es ruhig zugeben. Auch ich habe diese oder ähnliche Sätze sicher schon Hunderte Male verwendet und Tausende Male gehört — was sie nicht besser macht. Es sind und bleiben Ausreden. Jeder einzelne Satz, jedes einzelne Mal.

Doch wenn das Ausreden sind, was ist die Wahrheit dahinter?

- „Ich bin zu spät, weil ich im Stau gesteckt habe."
    - Wahrheit: „Ich bin zu spät, weil ich die Verkehrslage falsch eingeschätzt habe und daher zu spät losgefahren bin." Oder: „Ich bin zu spät, weil es mir nicht wichtig genug war, sicherzustellen, dass ich pünktlich bin."
- „Ich hatte keine Zeit dafür."
    - Wahrheit: „Etwas anderes war mir wichtiger."
- „Ich muss das ja tun."
    - Wahrheit: „Ich habe mich dafür entschieden, das zu tun." Oder auch: „Ich will das tun."
- „Ich kann das nicht tun."
    - Wahrheit: „Ich kann es schon tun, aber ich will die Konsequenzen, die sich daraus ergeben, nicht tragen."
- „So ein Mistwetter. Ich bin völlig nass geworden."
    - Wahrheit: „Ich habe mich nicht passend für das Wetter gekleidet und den Regenschirm vergessen."

Die Übung dazu besteht aus 4 Schritten, die man auch als separate Übungen betrachten kann. Nachdem es Schritte sind, die aufeinander aufbauen, ergibt es Sinn, sie auch in der Reihenfolge zu gehen und mit dem ersten zu beginnen.

Schritt 1: Ausreden wahrnehmen

Ein einfacher Einstieg in diese Übung ist es, mit offenen Augen und Ohren durch den Tag zu gehen und alle Ausreden wahrzunehmen, die dir auffallen. Mit dem entsprechenden Fokus auf das Thema wirst du rasch feststellen, dass es eine Menge sind, je nachdem, mit welchen und mit wie vielen Menschen du zu tun hast und in welchen Situationen du häufiger bist.

Manche Arten von Ausreden werden dir öfter begegnen, andere seltener. Manche Menschen werden öfter Ausreden verwenden als andere. Du wirst möglicherweise Muster erkennen. In dieser ersten Übung musst du sonst nichts weiter tun. Werde dir einfach der Ausreden, mit denen du tagtäglich zu tun hast, bewusster. Wenn dir dabei bereits auch eigene Ausreden häufiger auffallen, dann ist das durchaus im Sinne der Übung und bringt uns bzw. dich zu Schritt 2.

Schritt 2: Ausreden aufschreiben

Wechsle zu Schritt 2, wenn du deinen Fokus auf die Ausreden so lange geschärft hast, dass sie dir inzwischen automatisch auffallen, auch ohne dass du daran denkst. In dieser Phase legst du einen Gang zu. Notiere dir jede Ausrede, die du selbst verwendest — am besten gleich. Alternativ kannst du auch am Abend deinen Tag

Revue passieren lassen und die Ausreden deines Tages dann aufschreiben. Dieser zweite Schritt schafft als Grundlage für die Weiteren noch mehr Bewusstheit für deine eigenen Ausreden. Allein durch diese Bewusstheit wird es dir schwerer fallen, diese Ausreden weiterhin zu verwenden.

Schritt 3: Die Wahrheiten hinter den Ausreden notieren

Schritt 3 kannst du — wenn du magst — auch gleichzeitig mit Schritt 2 beginnen — oder auch etwas später, wenn du Schritt 2 ein paar Tage lang umgesetzt hast. Schreibe zu jeder Ausrede, die du notiert hast, die echte, die wahre Aussage. So wie ich es in den Beispielen oben gemacht habe. Damit beginnst du zuerst im Innen, Verantwortung für deine Denk- und Verhaltensweisen zu übernehmen. Das ist noch relativ einfach, weil außer dir selbst niemand davon weiß. Und gleichzeitig wirst du feststellen, dass es schwierig genug sein kann, dich selbst darüber zu informieren und die Wahrheit hinter der Ausrede niederzuschreiben.

Sollte dir das bisweilen schwerfallen, so ist das ein gutes Zeichen, dass du deine Komfortzone verlässt und zu wachsen beginnst. Denn Wachstum und Weiterentwicklung gibt es ausschließlich außerhalb deiner Komfortzone. Mache das so lange, bis du dich damit wohlfühlst und vermutlich feststellst, dass du deine klassischen Ausreden seltener verwendest.

Schritt 4: Ausreden durch Wahrheiten ersetzen

Der vierte und letzte Schritt in dieser Übung ist naturgemäß der anspruchsvollste. Und doch wird er dir gelingen, wenn du die ersten beiden Schritte eine Zeit lang umgesetzt hast. Erst dann würde ich dir empfehlen, den dritten Schritt ebenso auszuführen. Vermutlich weißt du bereits, was auf dich zukommt. Richtig. Die Wahrheiten, die du bisher nur für dich selbst niedergeschrieben hast, teilst du jetzt auch anderen mit.

Das bedeutet etwa, wenn du dich verspätest, nicht mehr irgendeine sozial akzeptierte Ausrede von wegen „viel Verkehr“ aus dem Hut zu zaubern, sondern zum Beispiel zu sagen: „Es tut mir leid. Ich bin zu spät zu Hause losgefahren.“ Oder auch: „Es tut mir leid, dass ich dich habe warten lassen, aber es war mir wichtig, meinen Schrank noch fertig aufzuräumen, bevor ich losfahre.“

Das kann zu unterschiedlichen Reaktionen führen, je nachdem, worum es geht und wie die Wahrheit hinter der Ausrede lautet. Das „Es tut mir leid. Ich bin zu spät zu Hause losgefahren“, wird vermutlich mit einem „Kein Problem“ quittiert, ganz so, als ob du die übliche Ausrede verwendet hättest. Und doch wirst du feststellen, dass sich dadurch in dir etwas verändert. Die Wahrheit fühlt sich ungewohnt, aber letztlich besser an. Sie macht dich stärker, selbstbewusster auch in den Augen der anderen — wenngleich diese es in einem derart einfachen Fall vielleicht noch gar nicht so bemerken. Du hast die Verantwortung für das, was geschehen ist, übernommen und damit die Macht behalten, etwas daran zu ändern — das nächste Mal zumindest.

„Es tut mir leid, dass ich dich habe warten lassen, aber es war mir wichtig, meinen Schrank noch fertig aufzuräumen, bevor ich losfahre“, ist natürlich eine Wahrheit, die bei deinem Gegenüber schon auf mehr Aufmerksamkeit stoßen kann und vermutlich auch wird — auch wenn er dir das vielleicht nicht sagt. Schließlich hast du ihm soeben mitgeteilt, dass das Treffen mit ihm bzw. seine Zeit dir weniger wichtig ist als den Schrank aufzuräumen.

Ob das gut so ist, musst du selbst entscheiden und ob du deine Prioritäten überdenken solltest, ebenso. Vielleicht kommst du dadurch auch zur Erkenntnis, dass du dich mit dieser Person, die es nicht schafft, für dich wichtiger als ein aufgeräumter Schrank zu sein, überhaupt nicht mehr treffen solltest. Auch das ist deine Entscheidung. Doch was immer du machst: Du entscheidest, wann du die Verantwortung übernimmst und das ist für unsere Zwecke das Allerwichtigste.

Könnte durch dieses Verhalten ein Drama ausgelöst werden? Ja, natürlich. Es könnte etwa eine Dramaeinladung aus der Rolle des Täters als Antwort kommen:

- „Das ist wieder typisch. Ich warte hier und du räumst deinen Schrank auf. Zumindest anrufen hättest du können“, mit einem leicht aggressiven Tonfall ausgesprochen.

Oder aber das Drama versucht, aus der Ecke des Opfers zu starten:

- „Ist dir denn nicht klar, dass ich mir Sorgen mache, wenn du nicht auftauchst. Schließlich könnte dir auch etwas zugestoßen sein."

Wenn du nun meinst, dass das Drama vorprogrammiert wäre, wenn du dich so verhältst und den Menschen allzu viel Wahrheit zumutest — nein, ist es nicht. Eine Reaktion deines Gegenübers auf deine Wahrheit, die einem Drama keine Grundlage bieten würde, wäre etwa: „Ich freue mich, dass du da bist und danke dir für deine Ehrlichkeit." Zugegeben, die Wahrscheinlichkeit einer derart dramafreien Reaktion ist stark abhängig davon, wen du triffst und im Allgemeinen vermutlich nicht wahnsinnig hoch. Doch egal, wie die andere Person reagiert, es liegt immer noch bei dir, diese Dramaeinladung anzunehmen oder auch nicht. Wie du solche Dramaeinladungen nicht annimmst, ohne dabei dem Drama zusätzliche Energie zu geben, erfährst du in Kürze.

Du merkst schon: Es gibt einige Wahrheiten, die verhältnismäßig einfach auszusprechen sind und von den meisten anderen widerspruchs- und dramafrei akzeptiert werden und andere, wo das deutlich schwerer ist. Beginne daher mit Schritt 4 dieser Übung bei den einfachen Wahrheiten und arbeite dich langsam zu den schwierigeren vor. Gibt es auch solche, die du am besten gar nicht aussprechen solltest? Natürlich gibt es diese, und zwar dann, wenn du nicht mit den Konsequenzen leben willst bzw. du nicht denkst, dass du eine Chance hättest, das vermutlich entstehende Drama abzuwenden. In diesem Fall verwende weiterhin die üblichen

Ausreden, doch anders als bisher verwendest du sie bewusst und — ganz im Sinne der Übung — übernimmst du auch dafür die Verantwortung.

Doch auch das heißt nicht, dass diese Wahrheiten niemals ausgesprochen werden können. Du bist einfach jetzt noch nicht bereit, diese Schwelle zu übertreten. Wenn du es geschafft hast, in deinem Inneren wahrlich dramafrei zu sein, kannst du nicht nur jede Wahrheit aussprechen, sondern vielmehr musst du es dann auch tun.

Und noch etwas: Diese Übung ist keine Einladung dazu, die Menschen rund um dich mit all deinen „Wahrheiten“, deinen Sichtweisen auf sie und die Welt zu konfrontieren. Vor allem dann nicht, wenn sie dich nicht dazu aufgefordert haben oder kein sonstiger Anlass besteht, das zu tun. Das würde eine Fülle neuer Dramen starten und deine Welt noch sehr viel dramatischer statt dramafreier machen.

Es geht ausschließlich darum, dass du selbst weniger Ausreden verwendest und öfter bzw. mehr Verantwortung übernimmst und damit mehr Macht und Kontrolle über deine Denk- und Verhaltensweisen und damit über dein Leben übernimmst.

Tools, um Dramen von Vorneherein zu vermeiden

Statt dich ständig mit Dramaeinladungen herumschlagen zu müssen und Wege zu finden, wie du diese dramafrei ablehnst — was Thema des nächsten Abschnitts sein wird —, ist es natürlich noch sehr viel besser, wenn du möglichst wenige und am besten gar keine Dramaeinladungen bekommst und Dramen überhaupt so fern wie möglich von deinem Leben hältst.

Die Idee, sich vollkommen zurückzuziehen und zum dramafreien Einsiedler zu werden, haben wir bereits besprochen und als nicht durchführbar bzw. nicht praktikabel abgehakt. Auch wenn du äußere Dramen theoretisch fernhalten könntest, wenn du mit keinen Menschen zu tun hast — was wäre das für ein Leben? Und du hättest immer noch dich selbst und viel Zeit, um nur mit dir allein Dramen zu inszenieren.

Doch das bedeutet nicht, dass du nicht an den Rahmenbedingungen bzw. deinem Verhalten etwas ändern könntest, um die Wahrscheinlichkeit, dass Dramen an dich herangetragen werden, zu senken. Daher folgen einige Tipps, Strategien und Übungen, die dich dabei unterstützen.

Tschüss Dramaqueen, ciao Dramajoe

Eines der sicherlich effektivsten Dinge, die du tun kannst, um die Zahl der Dramen in deinem Leben zu reduzieren, ist es, dich von Menschen zu trennen, die dir ein Übermaß an Dramaeinladungen übermitteln und ihre eigenen Dramen beständig in dein Umfeld, dein Leben hineintragen. Sie tun das meistens, ohne dich zu fragen, ohne Rücksicht auf deine Befindlichkeiten damit und natürlich ohne Rücksicht darauf, ob du das willst oder nicht — und wer will das schon.

Nun ist es so, dass wir alle unsere Dramen haben — zumindest kenne ich persönlich niemanden, der wahrlich dramafrei wäre. Die Menge macht auch hier das Gift. Es wäre definitiv überzogen, jeden, der dir eine Dramaeinladung schickt, gleich aus deinem Leben zu verbannen. Dann würdest du vermutlich sehr rasch vollkommen allein dastehen. Und doch gibt es Menschen mit sehr hoher Dramaenergie, solche, die häufig oder sogar permanent Dramen starten und sich darum bemühen, laufenden Dramen mehr Energie zuzuführen. Ich kenne solche und du vermutlich auch.

Im Volksmund werden sie gerne als Dramaqueen oder Dramajoe bezeichnet. Allein die Tatsache, dass es für diese Charaktere eigene Begriffe gibt, zeigt, dass sie häufig vorkommen und in der extremeren Form sehr einfach identifiziert werden können. Bei diesen stark ausgeprägten Typen bzw. Rollenbildern bemerkt man auch sehr deutlich, wie sehr sie Dramen als Energielieferanten benötigen. Nicht nur, dass sie versuchen, den Dramen Energie zuzuführen — am liebsten die Energie anderer — ernähren sie selbst sich auch davon. Die anderen lassen sie energielos und energetisch ausgesaugt zurück. Deshalb werden solche Menschen alternativ und vollkommen zurecht auch als Energieräuber oder Energievampire bezeichnet.

Diese extremen Lebensformen sind meist nicht auf eine bestimmte Rolle im Dramadreieck festgelegt. Sie beherrschen alle, die komplette Drama-Klaviatur, wenn das Drama bereits im Gange ist oder auch, wenn gerade alles in Ordnung und bestens zu sein scheint. Sie sind wahre Meister, wenn es darum geht, Dramaeinladungen zu versenden und andere in ihre Dramen hineinzuziehen. Doch sie können sogar noch etwas anderes, was im Grunde noch schlimmer ist: Sie wissen, wie sie innere Dramen in anderen auslösen und ergötzen sich daran, wenn ihnen genau das gelungen ist. Natürlich stehen sie dir dann als Retter zur Seite und versuchen, dich in die Opferrolle zu drängen und dich so noch ein Stück weit mehr zu entmachten.

Natürlich kannst du versuchen, dich gegen solche Menschen mit ihren permanenten Dramaeinladungen zur Wehr zu setzen, und das ohne Widerstand zu leisten, denn auch das würde — wie besprochen — Energie zuführen. Doch das ist auf die Dauer sehr anstrengend, zu anstrengend, und die Gefahr, dass du irgendwann schwach wirst und dich auf das eine oder andere Drama einlässt, ist hoch. Und wenn du erst einmal im Strudel der Dramen solcher Menschen bist, dann kannst du ganz leicht noch viel tiefer hineingezogen werden. Von einem dramafreien Leben ist dann keine Spur mehr zu sehen.

Wenn du sehr gut darin bist und ausreichend Energie und Bewusstheit hast, dann könnte es dir auch gelingen, lange genug in einer Art und Weise Widerstand zu leisten, mit der du keine Dramaenergie abgibst. Irgendwann macht es der Dramaqueen keinen Spaß mehr, wenn sie merkt, dass du keine ihrer Einladungen annimmst und sie keine Energie von dir bekommt. Irgendwann wird sie es dann aufgeben und weiterziehen. Die Frage ist: Bist du selbst schon dramafrei genug, um gegen so jemanden zu bestehen und nicht schwach zu werden. Es ist möglich, wenngleich nicht unbedingt einfach. Viele lassen sich dann irgendwann verlocken und nehmen die 5., 7. oder x-te Dramaeinladung dann doch an.

Die beste und sicherste Variante, mit solchen Menschen umzugehen, ist es, möglichst viel Abstand zwischen dich und sie zu bringen. Und das meine ich nicht nur physisch, schließlich ist heutzutage jeder, egal wo er sich aufhält, nur einen Tastendruck auf dem Smartphone weit entfernt. Egal ob per Telefon, SMS, einem der vielen Messenger-Dienste, einem Webcall oder einer hinterlassenen Sprachnachricht — Dramaeinladungen können dich in der heutigen Zeit auf vielen Wegen sehr rasch und direkt erreichen.

Das bedeutet aber auch, dass es schwerer geworden ist, Distanz zwischen sich selbst und die Dramaqueens und -joes dieser Welt zu bringen. Manchmal erfordert das harte, bisweilen radikale Schritte und Schnitte. Diese können zwar schwierig und schmerzhaft sein, sind aber absolut notwendig, wenn du dein Leben ent-dramatisieren willst.

Zum Glück sind nicht alle Menschen, die Dramen in dein Leben tragen und dich verlocken mitzuspielen, auf dem Niveau einer echten Dramaqueen, die diese Bezeichnung verdient. Bei einer solchen steckt oft auch viel Kalkül, Absicht und Strategie hinter ihren Handlungen. Viele andere, vermutlich mengenmäßig die meisten, senden dir Dramaeinladungen bzw. produzieren Dramen, ohne sich dessen überhaupt wirklich bewusst zu sein — was es nicht grundsätzlich besser macht, aber vielleicht entschuldbarer. Sie sind auf einem anderen Level der Drama-Performance. Der Umgang mit ihnen ist einfacher. Sie bzw. ihre Dramen loszuwerden, meist auch.

Je nachdem, mit wem du es also zu tun hast, kannst du folgende Schritte setzen — ich nenne diese Eskalationsstufen, da der erste der sanfteste, der letzte der radikalste ist. Du kannst bei der ersten Eskalationsstufe beginnen und dich bis zur letzten durcharbeiten, oder aber auch — wenn erforderlich — dich nicht lange mit den ersten Stufen aufhalten und stattdessen gleich bei der letzten starten.

Dabei geht es nicht darum, diese Menschen im Umfeld zu behalten und einfach nur mit den Dramaeinladungen besser und dramafreier umzugehen — dazu kommen wir noch —, sondern darum, diese Menschen wirklich loszuwerden.

Eskalationsstufe 1 - Aktiv keinen Kontakt mehr suchen

Damit werden sich die leichten, einfachen Fälle fast von selbst erledigen. Die Menschen, die nicht sonderlich auf dich fokussiert sind, was die Adressierung ihrer Dramaeinladungen betrifft, wirst du dadurch vermutlich aus deinem Umfeld und damit aus deinem Leben verschwinden lassen können, dass du aktiv keinerlei Kontakt mehr mit ihnen aufnimmst.

Eskalationsstufe 2 — Auf Kontakte durch den anderen nicht mehr reagieren

Wenn seitens der anderen Person mehr Aktivität in deine Richtung vorhanden ist, so liegt es an dir, auf Kontaktversuche nicht mehr zu reagieren. Die Botschaft sollte in den meisten Fällen klar sein und verstanden werden. Diese Menschen verschwinden so idealerweise lautlos aus deinem Leben, indem sie sich nicht mehr melden.

Eskalationsstufe 3 — Kontaktkanäle für den anderen sperren

Wenn die Botschaft aus Stufe 2 nicht reicht und immer noch Versuche unternommen werden, dich zu kontaktieren und mit Dramaeinladungen zu bombardieren, dann braucht es eine deutlichere Botschaft. Sperre alle Kommunikationskanäle zu dieser Person. Entfreunde dich auf den sozialen Medien, blockiere sie digital, wo immer es geht, und hebe nicht ab, wenn das Telefon läutet. Mit deinen Aktionen, um Menschen, die Drama in dein Leben tragen, loszuwerden, die du bis hierher gesetzt hast, sollten normalerweise 95 % und mehr der Fälle erledigt sein.

Eskalationsstufe 4 — Dem anderen klar und deutlich mitteilen, dass du keinen Kontakt mehr haben willst

Sollte Stufe 3 nicht reichen, ist — spätestens jetzt — ein klares Wort fällig. Teile der Person mit, dass du keinen wie auch immer gearteten

Kontakt mit ihr mehr willst. Ob du das in einem persönlichen Gespräch machst, das natürlich immense Dramagefahr mit sich bringt, in einem Telefonat — ebenso nicht ungefährlich — oder per Brief, bleibt dir überlassen. Tun musst du es offenbar, um dein Ziel zu erreichen.

Eskalationsstufe 5 — Ein gerichtliches Kontaktverbot erwirken

Die letzte Stufe ist zugegebenermaßen sehr extrem und ganz speziellen Fällen vorbehalten. Und doch gibt es Personen — ich kenne persönlich welche in meinem Umfeld — die das tun mussten bzw. müssen, um hochdramatische Personen von sich fernzuhalten. Daher wollte ich diese Stufe nicht unerwähnt lassen und hoffe gleichzeitig bzw. gehe ich davon aus, dass du diese niemals brauchen wirst. Wenn es sich allerdings nicht vermeiden lässt, dann schalte die Behörden ein und erwirke ein gerichtliches Kontaktverbot.

In der Theorie sind diese 5 Stufen recht klar und auch nicht sonderlich schwierig. In der praktischen Umsetzung gibt es natürlich Hürden. Manche der Stufen, speziell die ab der 3. oder 4. erfordern ein höheres Maß an Selbstüberwindung und Mut, da aktiv etwas unternommen werden muss, während es für die niedrigen Stufen nur mehr Passivität und Nicht-Reaktion braucht. Gleichzeitig steigt bei den höheren Stufen auch die Gefahr, dass genau dadurch neue, sogar größere Dramen ausgelöst werden. Die Medizin könnte so die Krankheit noch verstärken.

Speziell dann, wenn es um langjährige, emotional enge oder gar familiäre Beziehungen geht, ist es verständlicherweise besonders schwer, solche Schritte zu unternehmen. Wenn die eigenen Eltern oder Geschwister etwa hochgradig dramatisch sind und permanent versuchen, Drama in dein Leben zu tragen, ist selbst Stufe 1 meist nicht einfach umsetzbar. Wenn es die eigenen Kinder sind, die Dramen auslösen, vermutlich noch sehr viel schwieriger.

Größerer Abstand oder komplette Trennung kann natürlich auch hier hilfreich oder notwendig sein und gleichzeitig innere Dramen auslösen, die durch schlechtes Gewissen oder auch massive Schuldgefühle genährt werden. Meistens wird in diesen Fällen eine Kompromisslösung versucht, die die Dramaenergie reduziert, aber möglichst keine neuen Dramen auslöst. Diese spielen sich dann meist auf oder sogar unterhalb der Stufe 1 ab. Das bedeutet, die 5 Stufen sind nicht die Lösung für alle Themen und Probleme mit Dramen, werden dir aber helfen, mehr Klarheit in deiner Situation und für deine Vorgehensweise zu erhalten.

Wenn du keine echte Trennung willst — im Falle familiärer Bindungen etwa —, gibt es ja noch eine Menge anderer Strategien in der Toolbox, die dir helfen können, dein Leben dennoch dramafreier zu gestalten. Denn auch von Familienmitgliedern induzierte Dramen können nur wachsen, wenn du es zulässt.

Dramatische Situationen meiden

So wie du bestimmte, dramatische Menschen aus deinem Umfeld und Leben verbannen kannst, kannst du das auch mit Situationen, in denen erhöhte Dramagefahr besteht, tun. Wenn du weißt, dass Firmenfeiern mit Stolperfallen gespickt sind, die allesamt Dramen auslösen können, dann solltest du dir die Frage stellen, ob du dabei sein solltest bzw. musst. Du könntest — wenn nichts anderes dagegenspricht — auch durch Abwesenheit glänzen. Vielleicht geht das nicht immer, aber immer wieder lässt es sich erfahrungsgemäß machen.

Doch diese Strategie, Situationen mit erhöhter Dramaenergie zu meiden, hat ein paar Nachteile. Was bei Firmenfeiern noch verhältnismäßig einfach umsetzbar sein mag, ist bei der Weihnachtsfeier mit deiner größeren Familie oft schwer vorstellbar oder gar undenkbar. Bei solchen Anlässen würde dein Fernbleiben vermutlich zu dem Drama führen, dass du vermeiden wolltest.

Außerdem könnte die „Da gehe ich einfach nicht hin"-Strategie auch dazu führen, dass du vielen Events fernbleibst und mehr und mehr Zeit zuhause verbringst, was vermutlich auch nicht in deinem Sinne ist. Schließlich kann es nicht das Ziel sein, vor Dramen davonzulaufen. Dann wärst du nicht dramafrei, sondern einfach nur permanent auf der Flucht vor Dramen aller Art. Für echte Dramafreiheit musst du lernen, mit den Dramen, zu denen du eingeladen wirst, adäquat und erfolgreich umzugehen. Genau dafür hast du bereits etliche

Strategien in diesem Buch kennengelernt und es folgen auch noch weitere.

Das bedeutet, dass du die Strategie, potenziell dramatische Situationen zu meiden, durchaus einsetzen kannst, aber sehr selektiv dabei vorgehen solltest.

Mediale Diät

Im ersten Teil des Buches habe ich bereits erwähnt, dass Medien aufgrund ihrer riesigen Reichweite und Verfügbarkeit einer der wesentlichen Antreiber, wenn nicht sogar Auslöser für viele der ganz großen, aber auch von unendlich vielen kleinen, inneren Dramen sind. Um die Gefahr, die von den Medien ausgeht, zu reduzieren, gibt es eine ganz einfache Lösung: Konsumiere weniger davon. Am besten, speziell wenn du sehr empfänglich für Dramaeinladungen bist, gar keine.

Das bedeutet konkret:

- Schaue oder höre dir keine Nachrichten im Radio oder Fernsehen an. Du verpasst nichts. Versprochen. Wenn etwas wirklich Wichtiges, auch für dich Wichtiges auf der Welt passiert, wirst du es so oder so erfahren.
- Lies keine Zeitungen oder Magazine. Für diese gilt dasselbe wie für Fernsehen und Radio. Wenn du denkst, dass du erfährst, was in der Welt tatsächlich geschieht, wenn du eine Zeitung liest, sitzt du ohnehin einem Irrglauben auf. Du erfährst dadurch einzig das, was in der Zeitung steht.

- Verzichte auf Social Media, am besten völlig. Wenn das nicht geht, weil du Facebook und Co. beruflich nutzt, dann versuche, diese Nutzung an einen Mitarbeiter oder eine Agentur auszulagern. Auch durch diesen Verzicht wirst du die wirklich wichtigen Dinge nicht verpassen.
- Die Kompromisslösung, was die Nutzung sozialer Medien betrifft, ist es, diese zumindest als App von deinem Smartphone zu löschen. Damit hast du zumindest nicht immer Zugang zu den kleinen und großen Dramen der Welt.
- Eine weitere Kompromisslösung ist es, dir ein Limit zu setzen, was den Konsum der sozialen Medien betrifft. So könntest du dir pro Kanal zum Beispiel maximal 5 oder 10 Minuten pro Tag geben. Smartphones tracken üblicherweise dein Nutzungsverhalten und du kannst sehr genau sehen, wie viel Zeit du in welcher App verbringst.
- Speziell für Selbstständige und Unternehmer, die Dramen in ihrem Leben reduzieren wollen, ist es wichtig, Mitbewerbern auf Social Media nicht zu eng zu folgen. Diese berichten in manchen Branchen sehr gerne von ihren Erfolgen ganz nach dem Muster „Mein Haus, mein Auto, mein Boot". Angesichts solcher Erfolge, erscheinen da die eigenen Errungenschaften rasch ganz klein und das Drama — oft aus der Opferecke — startet.

Mach all das vor allem dann radikaler und konsequenter, wenn du bemerkst, dass durch den Medienkonsum Dramaeinladungen zu dir gelangen und immer wieder ein „offenes Ohr" bei dir finden und so eigene Dramen anstoßen. Auch für den Medienkonsum gilt: Je weiter du in deiner Entwicklung zu einem dramafreien Leben bist, je schwerer werden es innere Dramen bei dir haben zu wachsen. Und umso robuster bist du den Einflüssen und Einladungen gegenüber, die durch die Medien an dich herangetragen werden.

Ab einem gewissen Grad von persönlicher Entwicklung und innerer Dramafreiheit sind Vermeidungsstrategien wie diese nicht mehr nötig, weil dir die medialen Dramaeinladungen nur noch wenig anhaben können. Gleichzeitig wirst du einhergehend mit dem Grad deiner Entwicklung vielleicht auch feststellen, dass dir der freiwillige Verzicht — und nicht die Flucht vor Dramen — auf diese Medien ganz leichtfällt.

Eigene Projekte statt fremder Dramen

Dramen breiten sich dort am leichtesten aus, wo nichts anderes ist, das Aufmerksamkeit beansprucht. Das bedeutet, wenn du zu viel ungenutzte Zeit hast bzw. keine eigenen Ziele und Projekte, die deine Aufmerksamkeit beanspruchen, steht deine Tür für Dramen weit offen. Umgekehrt: Wenn du bis über beide Ohren in deinen Projekten steckst — beruflich oder auch privat — und diese nicht nur deine Zeit, sondern auch deine Aufmerksamkeit brauchen, haben Dramen wenig Chancen.

Eine Strategie, um Dramen von vorneherein zu verhindern bzw. deren Wachstum zu hemmen, ist es, dir Ziele zu setzen, die dich motivieren, dich dafür einzusetzen, daraus Projekte zu kreieren und konsequent, eifrig und fokussiert daran zu arbeiten. Während du das machst, ist eine Dramaeinladung nichts anderes als eine äußerst unwillkommene Störung deiner Arbeit.

Wenn du zu viele Dramen in deinem Leben hast, kann das den Grund haben, dass du zu wenig Anderes hast, das dich wirklich in Anspruch nimmt. „Moment mal, willst du damit sagen, ich hätte nichts zu tun? Schließlich fahre ich jeden Tag um 7 Uhr ins Büro und komme um 18 Uhr nach Hause. Und da warten meine Kinder auf mich. Wo soll ich da bitte noch irgendwelche Projekte und Tätigkeiten hineinquetschen?“, könnten manche entgegnen. Um es nochmals klarzumachen: Es geht nicht darum, beschäftigt zu sein und einer geregelten 40-Stunden-Woche nachzugehen. Es geht vielmehr darum, während dieser Zeit etwas zu tun, das dich wirklich in Anspruch nimmt und deine volle Aufmerksamkeit erfordert.

In allen Unternehmen gibt es sehr grob unterteilt zwei Arten von Mitarbeitern — für Führungskräfte gilt das ebenso: Solche, die da sind und die Zeit nutzen, um am Kaffeeautomaten, beim Essen, am Kopierer, auf der Toilette oder auch einfach am Gang im Vorbeigehen Dramen auszulösen oder für bereits laufende neue Anhänger zu gewinnen. „Hast du übrigens schon gehört, dass die jetzt mit dem ...“ Du kennst das sicher. Und dann gibt es die anderen, die sich am Kaffeeautomaten nur schnell einen Kaffee holen, den sie dann am Schreibtisch trinken, weil sie so in ihre Projekte vertieft sind, dass sie für derlei Dinge weder Zeit noch Interesse haben. Zu welcher Gruppe gehörst du?

Dein Gehirn beschäftigen

Zu Recht denkst du dir vielleicht, dass man sich doch nicht permanent mit Projekten und Aufgaben beschäftigen kann, die einen fordern und geistig voll beanspruchen. Das stimmt vermutlich. Wir alle brauchen Auszeiten und Ruhephasen, doch diese sollten möglichen Dramen nicht allzu viel Freiraum lassen.

Wie eingangs schon erwähnt, besitzt unser Gehirn die Tendenz sich zu beschäftigen, wenn es von dir gerade eine Aufgabe erhalten hat, die es zu bearbeiten gilt. Doch wenn das nicht der Fall ist, dann sucht es sich nicht aus eigenem Antrieb heraus unbedingt die konstruktivsten und positivsten Themen, um darüber nachzudenken, sondern leider meist das Gegenteil davon. Und da sind Dramaeinladungen natürlich herzlich willkommen.

Wenn du daher zeitliche Freiräume hast und aus eigener Erfahrung weißt, dass dein Gehirn diese gerne nutzt, um Dramen loszutreten oder zu verstärken, dann beschäftige es mit etwas Besserem. Es sollte etwas sein, wobei du entspannen kannst, dein Denken aber beschäftigt ist. Ein paar Ideen und Beispiele dafür:

- Musik machen — hören allein reicht meist nicht, aber hören und laut mitsingen würde ich schon wieder zu „machen" zählen
- etwas lesen, das dich interessiert oder unterhält, aber vermutlich keine Dramen auslöst — Tageszeitung und Wochenmagazine scheiden daher aus
- Gartenarbeit, die nicht allzu monoton ist — also eher Bäume beschneiden als Rasenmähen
- Spiele spielen — am besten mit anderen oder, wenn es die Möglichkeit nicht gibt, auch allein — Computerspiele haben zwar andere Nachteile, die man durchaus kontrovers diskutieren könnte, aber sie beschäftigen das Gehirn

- Fernsehen — auch hier natürlich keine Nachrichten oder Ähnliches, sondern gut gewählte Filme, Dokus oder Serien
- etwas basteln oder bauen
- etwas zeichnen oder malen

Vermutlich fallen dir noch weitere Dinge ein, die du ohnehin gerne machst. Setze diese gezielt ein, um dein Gehirn zu beschäftigen und davon abzuhalten Drama, zu spielen. Musst du das ewig machen? Nein! Kannst du niemals einfach dasitzen und die Ruhe genießen? Natürlich kannst du, und zwar dann, wenn du so dramafrei bist, dass dein Gehirn auch Ruhe gibt, wenn du Ruhe willst.

Achte auf dich

Das letzte Tool, das ich dir sogar sehr an Herz legen möchte, ist ein sehr grundlegendes, um Dramen von vorneherein zu vermeiden und Dramaeinladungen möglichst gar nicht anzunehmen.

„Mens sana in corpore sano."

Lateinische Redewendung

Diese Redewendung ist dir sicher nicht neu, und doch hat die ihr innewohnende Botschaft gerade auch für das Thema dieses Buches eine enorme Bedeutung. Je gesünder und fitter dein Körper ist, desto stärker und widerstandsfähiger ist er. Ein gesunder, starker und fitter Körper hat mehr Energie. Und auf dieser energetisch starken und stabilen körperlichen Grundlage fällt es dir sehr viel leichter, Dramaeinladungen auszuschlagen, als wenn du körperlich schwach, gestresst, müde, abgeschlagen oder gar krank bist.

Was heißt das nun konkret? Es gibt eine Unmenge von Dingen, die dazu beitragen, deine körperliche Energie hochzuhalten, und jedes davon würde nicht nur ein Buch, sondern ganze Bibliotheken füllen — und macht das auch.

Und doch ist das Thema so bedeutend, dass ich die wichtigsten Punkte kurz in dieser Tool-Box zusammenfasse. Es gibt 5 wesentliche Energielieferanten, die dafür sorgen, dass dein Körper mit genug Energie versorgt ist:

1. Schlaf: Sorge dafür, dass du ausreichend viel Schlaf bekommst
2. Sorge für regelmäßige und ausreichend Bewegung an der frischen Luft
3. Ernähre dich gesund
4. Achte darauf, dass du deinen Körper mit ausreichend Flüssigkeit versorgst
5. Sorge dafür, dass du ausreichend Sonne abbekommst

Du merkst schon: Ich bin bei der Formulierung sehr vage geblieben und habe dir keine konkreten Zahlen gegeben. Der Grund ist klar: Ich kenne dich nicht und ich bin weder Ernährungsberater, Fitnesstrainer noch Arzt. Wenn du dir selbst nicht sicher sein solltest, was ausreichend oder gesund für dich heißt, dann empfehle ich dir entweder einschlägige Bücher zu diesen Themen zu lesen oder Experten zu konsultieren.

Doch bei vielen Menschen, die ich kenne, ist selbst das noch gar nicht notwendig. Sehr viele sind so weit von einer vernünftigen Versorgung aus diesen grundlegenden Energiequellen entfernt, dass jeder Schritt in diese Richtung ein großer und guter wäre.

Denke also darüber nach und setze dir selbst Ziele bzw. definiere Größenordnungen für dein persönliches „ausreichend". Ob das nun die oft zitierten 10.000 Schritte pro Tag sind oder 6 km laufen 4 x pro Woche überlasse ich ganz dir. Allein die Tatsache, dass du dich mit dem Thema beschäftigst und dafür deine eigenen Regeln festlegst, ist schon eine wichtige Basis für ein dramafreies Leben. Doch das reicht noch nicht. Entscheidend ist in einem nächsten Schritt vor allem die konsequente Umsetzung. Dabei unterstützt dich das Tausche-Drama-gegen-Glück-Workbook, das du im Ressourcenbereich zu diesem Buch findest.
https://www.romankmenta.com/ressourcen-drama/

Tools, um Dramaeinladungen nicht anzunehmen

Der Ausgangs- und Startpunkt für Dramen sind Dramaeinladungen. Mit einer Solchen wird ein potenzielles Drama in deine Welt getragen. An dieser Stelle entscheidet sich oder besser gesagt entscheidest du, ob daraus für dich ein Drama entsteht, ob du in dieses Drama involviert wirst oder nicht. Einfach gesagt: Wenn du eine Dramaeinladung nicht annimmst, dann gibt es das Drama meistens zwar trotzdem, aber nicht in deiner Welt, nicht für dich – und das ist das Wichtigste.

Schließlich ist dieses Buch nicht angetreten, um die Dramen aus der Welt zu vertreiben, sondern dich dabei zu unterstützen, das für dich und deine Welt zu tun. Wenn du dich für die Dramen der anderen, die der Welt verantwortlich fühlen würdest, dann wärst du in der Rolle des Retters und Dramen wären vorprogrammiert. Und wenn die anderen oder die Welt ihre Dramen lösen wollen, dann können sie schließlich auch dieses Buch lesen, wenn sie das wollen.

Was also kannst du tun, wenn dir eine Dramaeinladung überbracht wird? Da gibt es mehrere Möglichkeiten in unserer Tool-Box, die du auch in Kombination verwenden kannst bzw. manchmal auch musst. Wenn du mit der einen Vorgehensweise nicht weiterkommst, dann wendest du eben eine andere an.

Überhören und ignorieren

Eine recht einfache und per se undramatische Variante ist es, Dramaeinladungen einfach zu überhören bzw. so zu tun, als ob du diese überhört hättest, und diese ganz einfach zu ignorieren. Das ist eine Methode, die sich vor allem bei Dramaeinladungen von außen, von anderen Menschen anbietet. Auch bei denen, die mittels Sozialer Medien etwa an dich herangetragen werden und etwas in deinem Inneren anstoßen, kann das durchaus eine Herausforderung darstellen. Diese Einladung nicht anzunehmen und sich den Kommentar zu verkneifen fällt oft nicht leicht.

Nun könnte es sein, dass der andere seine Dramaeinladung nochmals schickt, weil er meint, dass du diese überhört hast. Schließlich ist es aus seiner Sicht kaum vorstellbar, dass man auf so eine unfassbare Sache gar nicht reagiert. Da muss man doch auch eine Meinung dazu haben und dagegen aufbegehren oder, je nachdem, sich der Meinung des anderen anschließen. Manche Menschen sind in diesem Punkt sehr hartnäckig und verschicken dieselben Dramaeinladungen immer und immer wieder. Steter Tropfen — so denken sie vielleicht — höhlt schließlich den Stein.

In den besonders hartnäckigen Fällen reicht irgendwann die Strategie des Überhörens und Ignorierens nicht mehr aus und du musst zu anderen Vorgehensweisen greifen.

Manche legen sogar noch einen Zahn zu und versuchen so das Drama zu entfachen. Das könnte zum Beispiel so ablaufen:

- Dramaeinladung eines Retters: „Also ist das nicht ein Wahnsinn, was da in XY (Land deiner Wahl einsetzen) geschieht? Da muss man doch etwas unternehmen?"
  Hinweisen möchte ich an dieser Stelle auf das „man müsste", das sehr typisch für Dramaeinladungen ist. Es besteht ohnehin keine Absicht, irgendetwas zu unternehmen. Eine undramatische Person würde dir vielmehr Folgendes mitteilen: „Ich gehe jetzt für 2 Wochen nach XY, um vor Ort Hilfe zu leisten. Magst du mitkommen?" — Das wäre eine vollkommen undramatische Einladung zu helfen, die allerdings extrem selten erfolgt.
- Reaktion: Überhören und nicht reagieren

- Dramaeinladung eines Angreifers: „Das ist wieder typisch. Wie immer geht es dir am Arsch vorbei, wenn Menschen leiden. Hauptsache dir geht es gut.“
  Nachdem keine Reaktion erfolgt ist, wurde eine stärkere Dramaeinladung ausgeschickt, bei der du mit der Strategie des Überhörens und Ignorierens vermutlich nicht mehr weiterkommst. Das Drama hat sich gegen den Uhrzeigersinn weitergedreht. Der Retter ist in die Rolle des Angreifers geschlüpft.

Hier brauchen wir eine der folgenden Vorgehensweisen, um an dieser Stelle das Drama bereits zu stoppen.

Die dramafreie Reaktion

Etwas, das du tun kannst, wenn nichts tun nicht reicht oder nicht angebracht erscheint, ist es, möglichst dramafrei darauf zu antworten bzw. reagieren. Dazu bedarf es einer gewissen Struktur, die die Wahrscheinlichkeit erhöht, dass die Botschaft beim anderen ankommt, ohne Öl ins Feuer zu gießen. Bleiben wir gleich bei dem verbreiteten Beispiel, dass irgendwo auf der Welt irgendetwas Schlimmes geschieht — dazu gibt es jeden Tag eine Unzahl von Fällen.

Dramaeinladung eines Retters: „Also ist das nicht ein Wahnsinn, was da in XY (Land deiner Wahl einsetzen) geschieht? Da muss man doch etwas unternehmen!“

Wenn man diese Dramaeinladung annimmt, dann könnte die Antwort folgendermaßen lauten: „Ja, das ist wirklich schlimm. Die Konzerne beuten diese Länder aus, und wenn dann mal geholfen werden muss, rührt keiner von denen einen Finger! Die Regierungen sollten die Konzerne zwingen, Verantwortung zu übernehmen!" — Damit würde das Drama mehr Energie erhalten.

Eine dramafreie Reaktion könnte zum Beispiel folgendermaßen lauten: „Ja, es ist wirklich schlimm, was da geschieht." — So weit kann ich ja zustimmen und der Retter fühlt sich verstanden. Im dramatischen Kreislauf — gegen den Uhrzeigersinn — wäre nun der Täter / Angreifer an der Reihe, wie im Beispiel ein paar Zeilen weiter oben.

Wenn du allerdings Dramaenergie rausnehmen willst, dann musst du die Richtung ändern und im Uhrzeigersinn weitergehen — zum Kreativen — und eine Antwort könnte lauten: „Welche Ideen hast du denn diesbezüglich?"

Auf konkrete Aktivitäten angesprochen wird der Retter meistens einen Rückzieher machen: „Na so genau weiß ich das auch nicht. Ich finde halt nur, dass etwas geschehen sollte." — Auch der Tonfall wird sich geändert haben und die Energie ist schwächer geworden.

Reaktion: „Das ist ja wirklich schlimm und gleichzeitig gibt es bei uns hier auch noch so viel zu tun. Ich spende zum Beispiel regelmäßig für ABC."

So oder so ähnlich kann eine weitgehend dramafreie Reaktion auf so eine Dramaeinladung klingen. Das Wichtigste kommt allerdings vor der Reaktion: Du musst die Dramaeinladung bewusst wahrnehmen, sonst hast du kaum eine Chance, passend zu reagieren.

Die Frage ist nun: Wie kannst du Dramaeinladungen ablehnen, ohne dass daraus ein Drama entsteht?

- „Bleib mir bloß vom Leib mit diesem Thema!“
- „Was ist das denn bitte für ein Blödsinn, den du da von dir gibst?“
- „Das sehe ich aber vollkommen anders.“

All das könntest du natürlich sagen. Vermutlich wirst du damit dem Drama Energie geben und es verstärken. Daher brauchen wir ein paar andere Tools.

Verstehen ohne zustimmen

Dramen wollen, wie du inzwischen weißt, Anhänger, Menschen, die zustimmen, gewinnen. Doch zustimmen ist schwierig, denn gerade die Zustimmung füttert das Drama mit neuer Energie. Aus diesem Grund habe ich die Strategie „Verstehen ohne zustimmen“ in die Tool-Box gepackt. Und diese funktioniert folgendermaßen:

- Dramaeinladung aus dem Opfer: „Wie mein Chef mit mir umgeht, das ist einfach nicht fair.“
- Reaktion: „Ich kann gut verstehen, dass dich das beschäftigt. Wenn man mit mir unfair umgehen würde, würde mich das auch beschäftigen.“

Mit dieser Äußerung wird zwar Verständnis gezeigt und dein Gegenüber fühlt sich ernstgenommen und verstanden, gleichzeitig hat das Drama aber keine neue Energie erhalten. Schließlich bedeutet das Verstehen in dieser Art nicht, dass dem Opfer Recht gegeben wurde. Das nämlich, hätte das Drama verstärkt.

Reframing

Das Reframing — wir haben es bereits eingehend besprochen — kann auch hier helfen.

Dramaeinladung durch einen Miesmacher / Nörgler: „Du glaubst ja nicht, was mein Fräulein Tochter wieder für einen Typen angeschleppt hat."

Ein Reframing dazu könnte lauten: „Das heißt, er entspricht noch nicht ganz deinem Idealbild eines zukünftigen Schwiegersohns."

Zugegeben, für massive und vor allem hartnäckig wiederholte Dramaeinladungen reicht ein Reframing vielleicht nicht aus, um das Thema ganz aus der Welt zu schaffen, aber ein Anfang in die richtige, dramafreie Richtung ist es allemal.

Muster unterbrechen

Dramaeinladungen laufen bei dem, der sie verschickt, meist nach immer gleichen Mustern ab. Dir wird auch schon aufgefallen sein, dass du von manchen Menschen in deinem Umfeld immer wieder genau dieselben Dramaeinladungen mit den gleichen Worten und im exakt selben Tonfall zu hören bekommst. Der Person, die diese ausspricht, fällt das vermutlich schon lange nicht einmal mehr auf.

Eine Möglichkeit, damit umzugehen, ist es, diese Muster zu unterbrechen, indem du etwas vollkommen Unerwartetes tust bzw. so etwas — von dir inszeniert — genau zur richtigen Zeit geschieht. Ein paar Beispiele dazu:

- Du entschuldigst dich, weil du ein dringendes Telefonat führen musst.
- Du musst dringend zur Toilette gehen.
- Du willst dir etwas zu trinken holen und bietest an, deinem Gesprächspartner auch etwas mitzubringen.

Nach dieser Unterbrechung kann es gut sein, dass dein Gesprächspartner seinen roten Faden verloren hat und die Dramaeinladung nicht wiederkommt. Wenn höhere Dramaenergie vorhanden ist, dann wird das Thema aber oft rasch wieder auf den Tisch gebracht und du musst eine andere Strategie nutzen. Du kannst die Unterbrechung aber in jedem Fall dafür nutzen, dir nächste Schritte zu überlegen und einen Ausweg aus der Situation zu suchen.

Thema wechseln

Das Thema zu wechseln und das Gespräch so in undramatische Gewässer zu steuern, ist etwas, das du sehr gut nach einem Musterunterbrecher tun kannst. Bevor dein Gegenüber seine Dramaeinladung wieder aufgreift, sagst du zum Beispiel so etwas wie:

- „Sag Mal, hast du eigentlich den neuen Film von XY schon gesehen? Der soll toll sein.“

- „Habt ihr schon Urlaub geplant dieses Jahr? Wo soll es denn hingehen?"
- „Wir waren gestern in einem fantastischen Restaurant. Da musst du unbedingt hin."
- „Was mir gerade einfällt: Ich lese ein Buch, das dich sicher interessieren wird. Es heißt XY! Hast du davon schon gehört?"

Auch für diese Strategie gilt: Die schweren Fälle mit viel Dramaenergie werden wiederkommen, aber die leichteren kannst du so elegant loswerden, bevor sie beginnen, sich zu entfalten.

Fragen statt antworten

Auf eine Dramaeinladung zu einem Thema, bei dem wir anderer Meinung sind als der Einladende, reagieren wir oft unmittelbar mit direkten Gegenargumenten. Wie wir bereits wissen, ist das dem Drama genauso recht, wie wenn wir zustimmen. Häufig erhält es dadurch sogar noch mehr Energie. Doch auch, wenn wir nur normale Antworten als Reaktion produzieren, können diese das Drama relativ leicht schüren.

„Wer fragt, der führt!"

Ganz generell kann es daher eine sehr gute Idee sein, Fragen zu stellen, statt zu antworten. Dadurch behältst du die Kontrolle in einem Gespräch und kannst es leichter in eine Richtung lenken, in der weniger Dramagefahr besteht. Es gibt viele verschiedene Arten von Fragen. Diese alle aufzulisten, würde den Rahmen hier deutlich sprengen. Aber für einige hilfreiche Beispiele ist Platz genug:

- Dramaeinladung durch das Opfer: „Ich bin so fett. Nichts passt mehr."
  - Dramatische Reaktion vom Retter (gegen den Uhrzeigersinn): „Das wird schon wieder, wenn die Feiertage erst einmal vorbei sind." Oder auch: „Das stimmt doch gar nicht. Du bist einfach nur kurvig." — ein Refraiming seitens des Retters
  - Undramatische Frage: „Was hast du denn schon versucht, um die Pfunde loszuwerden?" — Mit dieser Frage setzt sich die Dynamik im Uhrzeigersinn in Bewegung und der Macher wird angesprochen.
- Dramaeinladung durch den Angreifer: „So kannst du mit mir nicht umspringen!"
  - Dramatische Reaktion vom Angreifer: „Und ob ich das kann!" Oder ebenso dramatische Reaktion vom Opfer — eine Position weiter gegen den Uhrzeigersinn: „Jetzt bin ich wieder Schuld! Dabei mache ich doch nur meinen Job!"
  - Undramatische Frage: „Und was würdest du dir wünschen, dass ich stattdessen mache?" Oder auch: „Worum geht es dir denn wirklich in der Angelegenheit?" — Damit bewegen wir uns im Uhrzeigersinn zum Mentor.
- Dramaeinladung durch Miesmacher: „Na lange geht so etwas ja nie gut. Du wirst schon sehen."
  - Dramatische Reaktion durch Angreifer — gegen den Uhrzeigersinn: „Hör auf, mir das schlechtzureden!"
  - Undramatische Frage: „Und wie können wir das nutzen, solange es gut geht?" — Dabei erfolgt eine Bewegung im Uhrzeigersinn zur Position der Muse.

Auch die Strategie, Fragen zu stellen, statt Antworten zu geben, wird nicht alle Dramen aus der Welt schaffen, aber — wie die vorherigen Strategien auch — hat sie das Potenzial, die Dramaenergie zumindest zu reduzieren und so die Geschwindigkeit, mit der sich das Drama ausbreitet, zu verlangsamen.

*****

So, das waren jetzt eine ganze Menge Tools, die dir helfen werden, dein Leben dramafreier zu gestalten. Manche davon wirst du öfter und lieber nutzen, weil sie besser zu dir und deiner Situation passen, andere seltener, manche niemals. Das ist auch gut so, und es gibt einen Grund, warum ich so viele unterschiedliche Tools für dich in die Toolbox gepackt habe.

Aber vielleicht sind es auch jene, die dich auf den ersten Blick nicht so sehr ansprechen, die dir aber letztlich sehr weiterhelfen. Am besten ausprobieren, damit herumexperimentieren und Erfahrungen sammeln. Und wenn mal etwas nicht gelingt — mach kein Drama draus!

Wie geht es weiter für dich?

Wir sind nun am Ende dieses Buches angelangt, daher ist es an der Zeit, einen Blick in die Zukunft, in deine mögliche Zukunft zu werfen — wenn du das möchtest. Du hast dieses Buch vermutlich von vorne begonnen und es bis zu diesem Punkt durchgelesen. Vielleicht hast du das in einem Schwung getan oder aber du hast dir zwischendurch immer wieder Zeit genommen, um das Gelesene zu verarbeiten.

Die Frage, die du dir an dieser Stelle vermutlich bereits gestellt hast — vielleicht auch unbewusst — ist die, ob es dir ernst ist damit, Dramen mehr und mehr aus deinem Leben zu verbannen. Schließlich könnte es genauso gut sein, dass es für dich ausreichend war, das Buch zu lesen und mehr über das Thema zu erfahren. Auch allein das wird dich bereits voranbringen und dein Leben dort und da ein wenig dramafreier machen.

Dir werden in deinem Alltag Dramen — deine eigenen, inneren sowie die im Außen — öfter als bisher auffallen, auch wenn du vielleicht nicht verhindern kannst, hineingezogen zu werden. Doch allein die größere Bewusstheit — du erinnerst dich vermutlich an die Phase 2, die bewusste Inkompetenz — ist schon ein großer Fortschritt. Du wirst dort und da auch Dramaeinladungen erkennen und besser zuordnen können — dem Retter, dem Täter, dem Opfer — und wenn du es dabei vorerst belassen willst, dann ist das aus meiner Sicht absolut ok. Das geht mir mit vielen der Themen, zu denen ich Bücher lese, schließlich genauso.

Letztlich bedeutet das auch, dass dein Schmerz und der damit verbundene Veränderungsdruck nicht hoch genug sind, um mehr als das zu tun. Es gibt sie, die Dramen in deinem Leben, aber sie quälen dich offenbar nicht so sehr, dass du tatsächlich etwas ändern musst, dich ändern musst.

Sollte dir das aber nicht reichen und du mehr tun wollen, um dein Leben spürbar dramafreier zu machen, dann kann ich dir einen Vorschlag machen, einen Plan, wenn du so willst, wie du weiter vorgehen kannst.

1. Lies das Buch, vor allem den dritten Teil, nochmals.
2. Markiere dir dabei die Teile und vor allem Übungen und Aufgaben, die dir besonders wichtig und für dich passend erscheinen.
3. Mache dir einen Plan, wie du die Übungen, die vielleicht nur einmal oder ab und zu umzusetzen sind, auch umsetzt.
4. Hole dir das Tausche-Drama-gegen-Glück-Workbook — darin sind die Übungen, die du am besten täglich machen solltest.
5. Arbeite täglich damit — und solltest du es einmal nicht schaffen, mache kein Drama daraus 😉.
6. Mache all das so lange, bis du der Meinung bist, dass dein Leben dramafrei genug ist, bis du die Dramen auf ein erträgliches Maß reduziert hast — oder auch noch länger, denn etwas dramafreier geht fast immer noch.

Zusammengefasst könnte man sagen: „Umsetzen und dranbleiben!“, lautet die Devise.

Es würde mich darüber hinaus freuen, wenn du mir schreibst (service@romankmenta.com) wie es dir damit geht. Welche Übung bringt dir besonders viel? Welche anderen neuen Übungen, die nicht im Buch stehen, setzt du für dich erfolgreich ein?

Sehr dankbar wäre ich dir, wenn du dir eine Minute Zeit nimmst und dem Buch eine Rezension auf Amazon (oder dem Buchshop deiner Wahl) hinterlässt. Damit trägst du auch dazu bei, die Inhalte des Buches auch anderen Menschen nahezubringen und auf diesem Weg die Dramen in den Menschen und in der Welt zu reduzieren. Vielen herzlichen Dank dafür.

Über den Autor

Roman Kmenta, erfahrener Coach und Bestsellerautor, unterstützt seit über 30 Jahren Menschen dabei, ein erfüllteres und glücklicheres Leben zu führen. Mit seinen Vorträgen und Veröffentlichungen inspiriert er wöchentlich über 100.000 Menschen. Roman Kmenta versteht es, komplexe, manchmal schwierige Themen einfach und lebensnah zu vermitteln. Er inspiriert Menschen setzt Impulse für ein gelungenes und entspanntes Leben.

www.romankmenta.com

Foto: Sojka, Klosterneuburg

Tausche Drama gegen Glück Workbook

Das Workbook zum Buch „Tausche Drama gegen Glück“

Du willst dein Leben dramafreier gestalten? Die Dramen, die sich darin bereits eingenistet haben und dir Tag für Tag wertvolle Energie absaugen reduzieren oder ganz auflösen? Und neue Dramen daran hindern, sich in deinem Leben zu manifestieren? Dann ist das Workbook perfekt für dich.

Es ist in Form eines Tagebuchs gestaltet und bietet die Möglichkeit, täglich Vorschau auf deinen Tag zu halten, um potenzielle Dramen zu vermeiden und darüber nachzudenken, was dir besonders gut gelungen ist und was du noch verbessern könntest.

Hier kaufen >> www.romankmenta.com/shop

Sag dem Leben, was du von ihm haben willst

Kurzweilig, motivierend und Mut machend

Oft erwarten wir von den anderen und vom Leben das zu bekommen, was uns — wie wir meinen — zusteht. Wir denken jeder müsste das wissen, jedem müsste klar sein, was wir wollen. Warum es also sagen, es vielleicht sogar verlangen? Das tut man ja schließlich nicht. Dabei sitzen wir einem — weit verbreiteten — Irrglauben auf. Das, was für uns so klar und offensichtlich ist, ist es für die anderen nicht ... und für das Leben erst recht nicht. Und so bekommen wir es oft nicht.

Dieses Buch macht Mut, zu sagen was du haben willst. Es zu verlangen. Nicht überheblich und doch hartnäckig. Selbstbewusst. Es hält 12 Regeln für dich bereit, nicht als Vorschriften, sondern als Leitlinien, als roten Faden auf dem Weg zu deinen Zielen. Es inspiriert dich, dir das, was dir einmal wichtig war, wieder bewusst zu machen. Es hilft dir, das, was dir einmal wichtig war, wieder bewusst zu machen. Es hilft dir, deinen Weg wieder zu finden und ihn mutig und selbstbestimmt zu gehen.

Hier kaufen >> www.romankmenta.com/shop

Das Mut Mach Buch

Mut ist lernbar

„Den Mutigen gehört die Welt!“ sagt schon ein altes Sprichwort. Und ja, mehr Mut zu haben, ist in vielen Lebensbereichen ein Vorteil — im Beruf, in der Partnerschaft und im Umgang mit anderen ganz allgemein. Hast du das Gefühl immer mutig genug zu sein? In allen Lebenslagen? Ehrlich? Wenn nicht — oder nicht immer — dann geht es dir wie vielen, vermutlich den allermeisten anderen Menschen auch. Vielen fehlt es an dem Mut, den sie brauchen würden, um

- ihrem Leben die entscheidende Wendung zu geben,
- die kleinen, aber oft sehr nervigen Hindernisse im Alltag zu überwinden,
- endlich das zu sagen, was sie schon lange sagen wollen,
- endlich das tun, was sie immer schon machen wollten,
- ... und vor allem, das endlich bleiben zu lassen, was ohnehin sinnlos geworden ist.

Dieses Buch ist nicht nur ein Buch. Es ist ein unterhaltsames Trainingsprogramm, mit dem du deinen Mutmuskel stärken kannst, um dein Leben so zu gestalten, wie du es immer schon wolltest.

Hier kaufen >> www.romankmenta.com/shop

FSC
www.fsc.org
MIX
Papier | Fördert gute Waldnutzung
FSC® C083411

Zeitfracht Medien GmbH
Ferdinand-Jühlke-Straße 7
99095 Erfurt, Deutschland
produktsicherheit@kolibri360.de